Als Hamburg im Feuersturm versank

Sabine Bode
Ursula Büttner
Christoph Kucklick
Malte Thießen

Als Hamburg im Feuersturm versank

Operation Gomorrha 1943 und die Folgen

Ellert & Richter Verlag

Inhalt

Statt eines Vorworts

„Stimmen von Zeitzeugen"
28. Juli 1943

Unter der U-Bahn-Brücke standen wir im flachen Wasser des Kanals. Wir drängten uns an den Pfeiler. Das tiefere Wasser. Die alte Frau, ihr Pappköfferchen unter Wasser, die offene Tasche und einen Koffer an der Hand, die schwammen noch halb. Dann lösten sich ihre Finger von den Griffen. Vor meinem Gesicht. Ein Koffer driftete ab. Die Frau sackte unter. Kein Wort. Das ist der Tod. Mama! Die nächsten kamen die Böschung runtergehetzt ins Wasser. Sie stellten sich auf die versunkene Alte.

Wolf Biermann, damals 6 Jahre alt

Beim Weltuntergang kann es nicht schauriger hergehen als in der Nacht auf den 28. Juli 1943 in Hamburg. Gegen 24 Uhr Alarm, zuerst etwas Schießerei der Flak, dann einige Zeit lang gar nichts, sodass wir im Keller schon annahmen, dass es wie üblich ablaufen würde, dass nämlich der Angriff nicht auf Hamburg geplant sei. Dann aber setzte es schlagartig ein in einem Ausmaß, wie wir es bisher noch nicht erlebt hatten. Zwei Stunden lang oder noch länger, ununterbrochen. Spreng- und Brandbomben, deren Einschläge sich in unserem Keller schaurig anhörten. Dann sprang ein Sturm ein, der das Feuer auf den Dächern von Haus zu Haus trieb, sodass bald jedes Haus um uns in hellen Flammen stand.

Hermann Harder, Hamm

Der Himmel rundherum war tiefschwarz, nur über uns war es glutrot. Es spiegelte sich das Flammeninferno von Hammerbrook wider. Alle Häuser brannten lichterloh, es war eine einzige Flammenwand. Man hörte die furchtbaren Schreie der Menschen, die mit ihren Verletzungen Hilfe suchten. Man sah Menschen, die am Heidenkampsweg versuchten, von der einen Straßenseite auf die andere zu kommen, es gab auf der anderen Seite einen Kanal. Der Asphaltbelag der Straße war durch die enorme Hitze fast flüssig geworden. Sie kamen bis in die Mitte, dort klebten ihre Füße im Asphalt fest. Durch die Hitze fingen ihre Beine an zu brennen, die Flammen fraßen sich hoch und schlugen über ihren Köpfen zusammen.

Ernst-Günther Haberland, damals 9 Jahre, Hammerbrook

Die Leute, die uns rausgeholt hatten, drängten uns. „Nicht stehen bleiben und nicht umdrehen", riefen sie, „Schneller. Schneller. Dass die Schuhe nicht Feuer fangen." Vor mir fiel eine Frau in die Glut. Sie stand in Sekundenbruchteilen in hellen Flammen. Immer noch schreiend, schrumpfte sie lodernd zu etwas Schwarzem, Undefinierbarem zusammen.

Fredy Borck

Unser Durchkommen war ein Wunder. Das Kopfsteinpflaster in der Meridianstraße hat uns etwas geholfen. Im Gegensatz zu Asphalt hielt es der ungeheuren Hitze stand. Wir wurden in den ganz nahen Hochbunker geschafft. Er steht ja immer noch. Drinnen herrschte Totenstille, obgleich sich ca. 4000 Menschen (für 1000 eingerichtet!) dort aufhielten. Alles dunkel! Nur Taschenlampen leuchteten hin und wieder auf. Strom und Belüftungsanlage waren ausgefallen. Mit Hilfe von Franzosen (Fremdarbeitern) gelangten wir in den obersten Stock. Diese stützten uns und sprachen uns Mut zu. Das Feindbild war aufgehoben.

Charlotte Fischer

Von draußen drangen gellende Schreie herein. Dann wurde gegen die Tür gehämmert; irgendwer schrie in einer fremden Sprache. In der Nähe stand eine Baracke mit Fremdarbeitern, Männern, die aus den besetzten Ländern zur Zwangsarbeit verschleppt worden waren. Sie hatten keinen Bunker, und einer von ihnen musste in panischer Angst herübergekommen sein. Noch einmal schrie er auf, diesmal in gebrochenem Deutsch. „Um Gottes Willen, so lassen Sie ihn doch herein", sagte jemand aus der Dunkelheit. Aber Herr Braun blieb ungerührt. „Ich habe meine Befehle", sagte er. „Die Bunker sind nur für uns Deutsche da."

Hiltgunt Zassenhaus

Dieses ist eine kleine Auswahl an Berichten von Augenzeugen, die das Inferno erlebt, durchlitten und vor allem überlebt haben. Beim ersten durch Bomben ausgelösten Feuersturm in der Geschichte der Menschheit vereinten sich Hunderte von Einzelbränden zu einem riesigen Flammenmeer, bis die Luft senkrecht in die Höhe schoss und am Erdboden den Atem nahm. Wie in einem diabolischen Kamin wurde der Asphalt von Temperaturen bis zu 1 000 Grad zum Schmelzen gebracht und fliehende Menschen wie Fackeln entzündet. Durch diese Sogwirkung tobte ein Orkan mit bis zu 270 km/h durch die Straßenschneisen. Bäume, Tiere, Menschen wurden durch die Luft gewirbelt, und die Luftschutzkeller wurden wegen giftiger Brandgase zu tödlichen Fallen. Etwa 34 000 Menschen kamen in diesem Inferno in Hamburg ums Leben.
Die Luftschläge der Alliierten waren Teil der Vergeltung für den von den Nazi-Schergen begonnenen Angriffskrieg. Die verbrecherische Gewalt, mit der die Deutschen den Krieg begonnen und fast ganz Europa unterjocht hatten, fiel nun auf sie zurück. Und mit aller Kraft traf es auch die Zivilbevölkerung. Etwa 600 000 Menschen kamen in Deutschland dabei ums Leben. Einen großen Teil der Bombenlast trugen die nördlich und westlich gelegenen Städte. Allein in Hamburg starben insgesamt rund 48 000 Menschen. Kein anderes Merkmal verkörpert in der Hansestadt den Schrecken des Zweiten Weltkriegs so unmittelbar wie der noch immer vom Ruß des Feuersturms geschwärzte Turm der Hauptkirche St. Nikolai. Ihr 147 Meter hoher Turm war von 1874 bis 1877 das höchste Bauwerk der Welt. Gerade weil er so hoch war, diente er bei den Luftangriffen auf Hamburg als Zielmarkierung für die britischen und amerikanischen Luftstreitkräfte. Bereits in der ersten Nacht, am 25. Juli 1943, wurde die Kirche durch Fliegerbomben im Rahmen der „Operation Gomorrha" schwer beschädigt. Das Dach stürzte ein und verwüstete den Innenraum. Die Wände bekamen Risse, blieben aber weitgehend stehen, ebenso der Turm. Die Einschläge der Bombensplitter sind noch heute zu erkennen. Es lag daher nahe, dass der Senat der Hansestadt nach dem Krieg beschloss, die Kirche nicht wieder neu aufzubauen, sondern in ein Mahnmal zu verwandeln.
Die in diesen Band aufgenommenen Beiträge über den Hamburger Feuersturm beschäftigen sich aber nicht nur mit der Vorgeschichte und den Abläufen der verheerenden Bombardements, sie schildern auch die Erlebnisse von Zeitzeugen und die „Aufarbeitung" dieses Ereignisses nach dem Krieg – in der Politik, bei den Überlebenden und deren Nachkommen. Viele beginnen erst jetzt zu reden.

Der Verlag bedankt sich bei allen, die an der Erstellung dieses Buches mitgearbeitet haben, insbesondere bei den Autoren Sabine Bode, Ursula Büttner, Christoph Kucklick und Malte Thießen.

Ursula Büttner

Hamburgs Katastrophe im Bombenkrieg. Das „Unternehmen Gomorrha“ als politischer Wendepunkt

Zehn Jahre nach der Errichtung der nationalsozialistischen Herrschaft begann sich 1943, ihr Zusammenbruch abzuzeichnen. An vielen Fronten brachte das Jahr die Entscheidung gegen Deutschland: Anfang Februar die Kapitulation der Stalingrad-Armee, im Mai die Niederlage der deutschen und italienischen Verbände in Afrika, im Juli die Landung der Alliierten in Sizilien und den Sturz Mussolinis, im September die Kapitulation Italiens. In Deutschland erreichte der Luftkrieg seinen schrecklichen Höhepunkt. Fast schutz- und wehrlos sanken die Städte unter den Bomben der Engländer und Amerikaner in Trümmer. Unter dem Eindruck dieser Katastrophen an der Front und in der Heimat begann sich die Einstellung zum NS-Regime zu verändern. Das Einverständnis vieler Deutscher mit der Politik ihrer Führung wurde schwächer. Zu diesem Stimmungswandel trug der Bombenkrieg stark bei, stärker sogar als die Schreckensmeldungen von den Fronten. Besonders die Verwüstung der Millionenstadt Hamburg in wenigen Tagen Ende Juli / Anfang August 1943 wirkte in ganz Deutschland als Menetekel, das auch jene mit Angst vor der Zukunft erfüllte, die noch nicht unter Luftangriffen litten. Die verbreitete Vorstellung, die Alliierten hätten durch den Luftkrieg gegen die deutschen Städte ganz entgegen ihren Absichten einen trotzigen Durchhaltewillen erzeugt und die Deutschen mit ihrer Führung wieder „zusammengebombt“, hält historischer Prüfung nicht stand. Es ist eine Legende, die anfangs nationalsozialistische Propaganda reflektierte und später dem Wunsch entsprang, den Bombenkrieg nicht nur als grausam, sondern auch als sinnlos zu verurteilen.

Kulissen einer Geisterstadt: Ganze Stadtviertel werden in den Großangriffen der „Operation Gomorrha“ vom 25. Juli bis zum 3. August 1943 dem Erdboden gleichgemacht.

Auch die Gegend um St. Michaelis ist nach den Luftangriffen großflächig zerstört. Es ist die größte Luftoperation, die die Alliierten bis dato je gegen eine Stadt durchgeführt haben.

Die wenigen Überlebenden, die zu genaueren Beobachtungen imstande sind, entdecken in den Trümmern nicht selten eine bizarre Ästhetik der Vernichtung, wie hier an der Süderstraße. Gomorrha! In der Bibel steht: „Da ließ der Herr Schwefel und Feuer regnen vom Himmel herab auf Sodom und Gomorrha. Und verderbte die Städte und die ganze Gegend und alle Einwohner der Städte."

Am 14. Mai 1940 zerstören deutsche Bomber Teile Rotterdams, was dem britischen Premierminister Winston Churchill die moralische Rechtfertigung für massive Bombardements gegen das Deutsche Reich gibt.

Bis heute gilt das deutsche Bombardement von Coventry, bei dem am 14. November 1940 die berühmte Kathedrale zerstört wird und 550 Menschen sterben, als Musterbeispiel einer Terrorattacke. Einen Tag danach besucht der britische Premier Winston Churchill die zerstörte Kathedrale zusammen mit Mitgliedern der Anglikanischen Kirche.

Die Angriffsserie der letzten Juliwoche 1943 brachte unvorstellbares Elend über Hamburg.[1] Mindestens 34 000 Menschen, rund 80% aller Hamburger Luftkriegsopfer, starben in dieser einen Woche; etwa 900 000 Menschen wurden obdachlos. Unter dem Codenamen „Unternehmen Gomorrha" ist die Militäraktion in die Geschichte eingegangen, und wie im Bannkreis von Gomorrha droht vor Entsetzen zu erstarren, wer auf die Vernichtung Hamburgs zurückschaut.[2] Aber es ist die Aufgabe der Geschichtswissenschaft, die Ereignisse nüchtern zu beschreiben, Zusammenhänge zu analysieren und die Folgen rational zu erfassen.

Flächenbombardements gegen die Zivilbevölkerung der großen Städte gehörten auf beiden Seiten zu den zentralen Elementen der Kriegsplanung. Englische und deutsche Militärstrategen hatten aus den Erfahrungen im Ersten Weltkrieg die gleiche Schlussfolgerung gezogen, durch den Einsatz der Luftwaffe einen endlosen Stellungskrieg mit verlustreichen Materialschlachten zu verhindern. Schwere Bombenangriffe im Hinterland des Gegners galten als effektivste Methode, den Krieg schnell zu beenden. In einer deutschen Denkschrift wurde beispielsweise 1937 festgestellt, dass es im Luftkrieg künftig weniger darauf ankomme, „die Arsenale der wirtschaftlichen Technik zu zerstören, als vielmehr sie zu entvölkern. [...] Die rücksichtslose Durchführung der Bombenangriffe [wird] in der Bevölkerung den Schrecken bis zur Panik steigern können."[3] Nach dieser Maxime handelte die deutsche Führung bei der Bombardierung von Guernica, Warschau, Rotterdam und anderen Städten in den überfallenen Ländern.

In England war eine längere Diskussion notwendig, um militärische, politische und ethische Einwände gegen das „moral bombing" zu überwinden; aber im Lauf des Sommers 1940 setzte sich auch hier die Konzeption durch, neben Rüstungszentren und Verkehrswegen vor allem die deutschen Städte zu bombardieren, um die Moral der Bewohner zu untergraben. Als Reaktion auf den deutschen Luftangriff auf Rotterdam beschloss die britische Regierung am 15. Mai 1940 die Bombardierung von Militäranlagen und Industriestandorten östlich des Rheins. Zwei Tage später erlebte Hamburg die erste Attacke aus der Luft. Der erste Angriff mit dem erklärten Ziel der Zerstörung einer Stadt folgte am 16. Dezember 1940 gegen Mannheim als Vergeltung für den Schlag gegen Coventry. Noch war die britische Luftwaffe aber zu schwach, um systematisch ganze Städte in Trümmer zu legen. Erst als die Invasion Englands nicht mehr drohte und ein Großteil der deutschen Militärmacht durch den Überfall auf die Sowjetunion im Osten gebunden war, konnte die britische Regierung im Sommer 1941 die nötigen Finanzmittel und personellen Kräfte für den Ausbau der Bomberflotte bereitstellen. In mehreren Direktiven wurde die Luftwaffe endgültig auf das „moral bombing" als Hauptaufgabe festgelegt. So erhielt sie am 14. Februar 1942 eine Weisung des Premierministers Winston S. Churchill: „Es ist entschieden worden, dass das Hauptziel Ihrer Operationen sich gegen die Moral der Zivilbevölkerung richtet, insbesondere gegen die der Industriearbeiter".[4] Eine neue Taktik, die zuerst die Entfesselung großer Flächenbrände durch Brandbomben und erst danach den Abwurf von Sprengbomben auf das von den Flammen erhellte Gebiet vorsah, sollte die Effizienz der Einsätze steigern.

Seit dem 11. Dezember 1941 waren die USA am Krieg gegen Deutschland beteiligt und schickten Bomber nach Europa. Angriffe von einigen hundert Flugzeugen auf Essen, Köln und Lübeck seit Anfang März 1942, eine mehrtägige große Aktion gegen Rostock Ende April und der spektakuläre Tausend-Bomber-Angriff auf Köln am 31. Mai 1942 zeigten, dass der Luftkrieg gegen Deutschland eine neue Dimension erreichte.

Oft werden KZ-Häftlinge eingesetzt, um die bis zur Unkenntlichkeit verbrannten Opfer des Bombenkriegs zu bergen. Die Arbeit ist nicht nur unsagbar grauenhaft, sondern auch lebensbedrohlich, weil Gefangene mit dem Tod durch den Strang bestraft werden können, wenn sie bei Aufräumarbeiten Wertgegenstände auch nur berühren.

Die deutsche Abwehr hatte immer weniger entgegenzusetzen. Bei der Konferenz von Casablanca im Januar 1943 bekräftigten die alliierten Regierungen noch einmal, den Bombenkrieg bis zur bedingungslosen Kapitulation Deutschlands mit äußerster Härte führen zu wollen, um „die deutsche Wirtschaft, Industrie und Wehrmacht immer mehr [...] zu zerstören und die Moral des deutschen Volkes in einem solchen Maß zu untergraben, dass seine Fähigkeit zum bewaffneten Widerstand“ schwindet.[5]

In den ersten Monaten des Krieges waren die Auswirkungen für die deutsche Zivilbevölkerung in Hamburg noch erträglich. Die gefürchteten Luftangriffe blieben zunächst aus. Nur für Männer im wehrfähigen Alter und ihre Familien hatte der Waffengang sofort einschneidende Folgen. Neben den ca. 16 800 Hamburger Wehrpflichtigen, die im Mai 1939 eingezogen worden waren, mussten Zehntausende von Reservisten zur Wehrmacht einrücken. 358 Hamburger fielen im September 1939 im Polenfeldzug; 974 im Mai/Juni 1940 im Westfeldzug. Ende 1940 hatte Hamburg 1 975 Gefallene zu beklagen.[6] Für die meisten Menschen, die um keinen nahen Angehörigen trauern mussten, wurden die Verluste aber durch die Siegesmeldungen von den Fronten aufgewogen, und auch die Erschwernisse im Alltag waren angesichts dieser Erfolge zu verkraften. Die Hamburger und Hamburgerinnen mussten sich an die nächtliche Verdunkelung und an die Reglementierung der Versorgung mit lebenswichtigen Gütern gewöhnen; ein gravierender Mangel trat jedoch noch nicht auf. Sie mussten Einschränkungen des öffentlichen Verkehrs, verlängerte Arbeitswege und „Umsetzungen“ in kriegswichtige Betriebe hinnehmen und neben der Berufsarbeit Luftschutzdienst leisten. Infolge der forcierten Rüstungsproduktion setzte sich der Trend zur Verlagerung von Arbeitskapazität und Arbeitskräften in die Industrie fort, während Handel, Verkehr (ohne Reichsbahn und -post), Baugewerbe und Konsumgüterindustrie erheblich schrumpften. Um die zur Wehrmacht einberufenen Männer zu ersetzen, wurden neben Ausländern – Zwangsarbeitern und freien Arbeitskräften – Frauen

In allen deutschen Großstädten werden mit Beginn des Krieges Plakate mit Verhaltensmaßregeln aufgehängt. Ganz wichtig ist das Verdunkeln der Fenster und anderer Lichtöffnungen, um den angreifenden Bombern die Orientierung zu erschweren – hier ein Plakat aus dem Jahr 1943.

Je mehr Männer an die Front kommandiert werden, desto stärker werden Frauen im Brandschutz eingesetzt, wie hier bei einer Luftschutzübung Mitte 1942, bei der sie in Gasmasken, Feuerwehranzügen und mit Wassereimern die Bekämpfung eines Dachstuhlbrandes simulieren.

Für die Menschen dehnen sich die vielen in Kellern und Bunkern verbrachten Stunden zu immer traumatischeren Schreckenszeiten: Nach schweren Bombenangriffen verlassen Überlebende mit ihren wenigen Habseligkeiten den Schutzraum, die Todesangst lässt sich an ihren verstörten Gesichtern ablesen.

Vor dem Bomben fliehen die Menschen in die Tiefe – in U-Bahnschächte, in Keller, in Bunker, in Kirchengewölbe, in die Kanalisation. Dort sind die meisten sicher, aber die Angst und die Ohnmacht sind schier unerträglich, und die Geräusche sowie das Heben und Senken der Schutzräume unter den Detonationen verfolgten die meisten Überlebenden noch Jahrzehnte später in ihren Albträumen.

in wachsendem Maß zur Berufsarbeit herangezogen. Schon vor der Einführung der Arbeitspflicht für Frauen im Januar/Februar 1943 stieg ihr Anteil an der Gesamtzahl der deutschen Arbeitskräfte von 30% (1938) auf 40,7% im Juli 1940 und 43,3% im August 1941.[7]

Den ersten Luftangriff erlebte Hamburg in der Nacht vom 17. auf den 18. Mai 1940. Es war die erste Aktion eines größeren Flugzeugverbandes gegen eine deutsche Großstadt überhaupt.[8] 34 Menschen kamen ums Leben und wurden unter großer öffentlicher Anteilnahme und mit großem propagandistischem Aufwand beigesetzt. Der „Führer" und die Spitzen von Staat und Partei hatten Kränze geschickt; der Reichsstatthalter sprach vor den aufgereihten, mit der Hakenkreuzfahne bedeckten Särgen. Schon bald häuften sich Begräbnisse von Bombenopfern so sehr, dass ein solcher Aufwand nicht mehr möglich war. Die ständige Bedrohung aus der Luft wurde zur größten Belastung der Zivilbevölkerung im Krieg.

In den verbleibenden 227 Tagen des Jahres 1940 erlebte Hamburg 69 weitere Angriffe und 123 Fliegeralarme. Im Schnitt mussten Hamburger und Hamburgerinnen in jeder zweiten Nacht in die Luftschutzkeller fliehen. 125 Menschen starben bei den Attacken, 567 wurden verletzt. In den folgenden Jahren ging die Zahl der Angriffe zwar zurück, aber die Wirkung steigerte sich. Bis zum „Unternehmen Gomorrha" Ende Juli 1943 kamen bei 137 Angriffen 1 431 Menschen ums Leben, wurden 4 657 Menschen verletzt und 24 375 obdachlos. 470 Stunden, umgerechnet fast zwanzig Tage, mussten Bewohner Hamburgs bis dahin in mehr oder weniger sicheren Luftschutzräumen verbringen.[9]

Obwohl von Anbeginn klar war, dass die Metropole an der Elbe ein bevorzugtes Ziel der britischen Luftwaffe sein würde, war für den Schutz der Zivilbevölkerung bei Bombenangriffen bis Kriegsbeginn fast nichts geschehen. Wegen des hohen Grundwasserspiegels waren die Häuser in weiten Teilen Hamburgs nicht unterkellert, an Bunkern aber fehlte es. Vorhandene Keller mussten in Selbsthilfe notdürftig abgestützt und mit Splitterschutz versehen werden, soweit das dafür erforderliche Baumaterial zu bekommen war. Am 1. September 1939 gab es nur für 0,4%, am 1. April 1940, kurz vor dem ersten Angriff, nur für weniger als 3% der Einwohner genügend sichere Schutzbauten.[10] Auch die Feuerwehr und ihre Hilfsmannschaften waren ganz unzureichend ausgestattet. Nur weil auch die Briten Zeit brauchten, um sich für ihre Großangriffe zu rüsten, konnte das Versäumte zum Teil nachgeholt werden. Im Sommer 1943 waren Dreiviertel der Keller luftschutzmäßig ausgebaut, in den kellerlosen Stadtteilen Rund- und Röhrenbunker errichtet. Für 22% der Wohnbevölkerung, 378 294 Personen, standen Schutzraumplätze zur Verfügung.[11] Der Brandschutz befand sich organisatorisch und technisch auf hohem Niveau. Die Behörden versuchten in fast täglichen Besprechungen, sich auf den „Großkatastrophenfall" einzustellen.[12]

Was dann aber Ende Juli 1943 über die Stadt hereinbrach, übertraf alle Erwartungen.[13] In zehn Tagen wurden zwischen dem 25. Juli und dem 3. August bei vier Nachtangriffen der Briten und zwei Tagangriffen der Amerikaner weite Teile Hamburgs vernichtet. Jeweils rund 740 Flugzeuge waren bei den ersten drei Nachtangriffen im Einsatz, ca. 300 bei den Tagangriffen und noch einmal 350 beim letzten Nachtflug dieser Serie. Sie warfen 8 500 Tonnen Spreng- und Brandbomben auf Hamburg, fast ungefährdet durch die starke Flak der Stadt, die – erstmals in der Luftkriegsgeschichte – durch den Abwurf unzähliger Stanniolstreifen blind und unschädlich gemacht wurde. 14 000 gut ausgerüstete und vorbereitete Feuerwehrmänner, 12 000 Soldaten und

Gegen 1.20 Uhr setzt der Feuersturm ein. Durch die enorme Hitze und die besondere Luftdruckkonstellation über der Stadt jagen die Flammen durch die Häuserfronten und entziehen der Luft fast den gesamten Sauerstoff. Wer nicht in den Flammen umkommt, erstickt in den Kellern, die so zu Todesfallen werden.

8 000 Mann von technischen Sondereinheiten waren im Einsatz, konnten aber die Entstehung riesiger Flächenbrände in keiner der drei Angriffsnächte im Juli verhindern.

Das erste Bombardement in den frühen Stunden des 25. Juli richtete vor allem westlich der Alster, in der Innenstadt, dem Zentrum von Altona und den Stadtteilen Eimsbüttel und Harvestehude große Verwüstungen an. Die beiden Tagangriffe am 26. und 27. Juli setzten das Zerstörungswerk bei den Betrieben im Hafengebiet fort; außerdem behinderten sie die Nachlösch- und Aufräumungsarbeiten in den zuvor getroffenen Bezirken. Zehntausende flohen nach dem ersten Angriff aus den zerstörten Wohngebieten oder wurden in die zunächst verschonten Stadtteile eingewiesen. Hier gerieten sie in den zweiten verheerenden Nachtangriff vom 27./28. Juli, bei dem innerhalb von drei Stunden ein Gebiet von 13,1 qkm Ausdehnung mit 427 637 Einwohnern in Schutt und Asche gelegt wurde. In den dicht bebauten und nach der Aufnahme einer großen Zahl von Bombenopfern stark überfüllten Arbeiterwohnquartieren von Hammerbrook, Hamm, Borgfelde und Umgebung gab es für viele keine Chance, dem Inferno zu entkommen. Binnen kürzester Zeit entwickelte sich infolge der besonderen meteorologischen Bedingungen dieser Nacht ein Feuersturm von orkanartiger Stärke, der Dächer durch die Luft wirbelte, Bäume abdrehte, Menschen zu Boden warf oder in das Zentrum der Flammen riss. Andere erstickten in den Luftschutzkellern, weil der in den Straßen tobende Brand allen Sauerstoff aufsog, oder sie starben infolge der Gluthitze, die bis zu 800° C erreichte. Während des ganzen Tages wurde es in dem betroffenen Teil Hamburgs nicht hell, weil eine 8 km hohe Rauch- und Staubwolke die Sonne verdunkelte. Etwa 900 000 Menschen flohen aus

Der Feuersturm hinterlässt kaum mehr als Menschen erkennbare Leichen. „Bombenbrandschrumpfleichen“ nennen die Bürokraten diese kaum fassbare Schrecklichkeit.

Die Opfer sind bis auf die Hälfte ihrer Größe geschrumpft.

Timm

Mit enormer Energie räumen die Hamburger schon bald die Straßen frei – wie hier an der Stadthausbrücke/Ecke Neuer Wall, vom Graskeller aus gesehen. Wie Leitplanken ziehen sich die Wege durch das Chaos der Trümmer, das oft erst viele Jahre danach beseitigt wird. „Die Wanderung durch die Totenstille dieser Gebiete ist noch immer erschütternd, der Blick auf Ruinen und noch einmal Ruinen bedrückend. In der ersten Zeit mussten die Hauptverkehrswege von Trümmern freigemacht werden. Dazu wurden Greifbagger eingesetzt, die die Trümmer in das Innere der Hausruinen schütteten.“ Hermann Sieveking (1867–1954)

Eilbek ist nach der „Operation Gomorrha" eine apokalyptische Trümmerlandschaft. Mehr als 90 Prozent der Häuser sind zerstört. In Hamm, Rothenburgsort, Barmbek und vielen angrenzenden Stadtteilen sieht es genauso aus. Bei den Angriffen im Sommer 1943 sterben schätzungsweise 34 000 Menschen – doch der von den Briten erhoffte Aufstand gegen die Nazi-Diktatur bleibt aus.

Die am schwersten zerstörten Gebiete werden durch Mauern abgeriegelt. Das dämmt die Seuchengefahr ein und verhindert, dass Passanten von herabfallenden Ruinentrümmern erschlagen werden. Erst nach dem Krieg werden viele Sperrbezirke aufgehoben und die letzten Leichen geborgen.

Hamburg. Der dritte Nachtangriff am 29./30. Juli traf eine entvölkerte und schutzlose Stadt. Es gab keine Kräfte mehr, um Brände in der Entstehungsphase zu löschen. Ein Flammenmeer überzog am Morgen des 30. Juli weite Teile Hamburgs. Die Sachschäden waren gewaltig, die Personenschäden infolge der Abwanderung der Bevölkerung geringer als zuvor. Die letzte Operation des „Unternehmens Gomorrha" am 3. August schließlich verlief für die Briten wegen eines schweren Gewitters weniger erfolgreich: Die Masse der Bomben fiel weit verstreut in bereits zerstörte Gebiete.

Das Grauen dieser zehn Tage entzieht sich der Beschreibung. Die nüchternen Zahlen der Schadensbilanz sollen deshalb das Ausmaß der Katastrophe andeuten: 34 000 Menschen fanden nach der vorsichtigsten Berechnung den Tod.[14] Da sich von den Verletzten viele außerhalb Hamburgs in ärztliche Behandlung begaben, kann ihre Zahl nur geschätzt werden; es waren ungefähr 125 000 Personen. Rund 256 000 Wohnungen, mehr als die Hälfte des Bestandes vor der Katastrophe, waren völlig zerstört, weitere 22 000 zeitweise unbewohnbar. Etwa 900 000 Hamburger und Hamburgerinnen besaßen kein Obdach mehr. Ganze Stadtviertel, in denen der Feuersturm getobt hatte, waren fast menschenleer; Hammerbrook, Rothenburgsort und Hamm-Süd wurden durch hohe Mauern gegen jeden Zutritt abgesperrt. Zerstört oder schwer beschädigt wurden in den Julitagen 1943 ferner: 580 Industrie- und Rüstungsbetriebe, 2 632 gewerbliche Betriebe, 379 Kontorhäuser, 24 Krankenhäuser, 277 Schulen, 257 Staats- und Parteidienststellen. Keines der schienengebundenen öffentlichen Verkehrsmittel funktionierte mehr. Alle Bahnhöfe im Stadtgebiet waren verwüstet; nur von Bergedorf, Altona und Harburg fuhren noch Züge nach

Der Schrecken auf den Gesichtern wie bei diesen Überlebenden verliert sich mit der Zeit, der Horror in der Seele bleibt. Die psychischen Traumata der Bombenopfer werden im Nachkriegsdeutschland lange ignoriert, weil die Beschäftigung mit den Leiden des eigenen Volkes als politisch nicht opportun erscheint. Erst heute wenden sich vereinzelt Psychiater den Spätfolgen zu.

Ausgebombte können oft nur das Nötigste bergen, einen Koffer mit Papieren, Kleidung oder liebgewonnenen Erinnerungsstücken. Es gilt vor allem, in meist panischer Hast das eigene Leben zu retten.

Viele Hamburger versuchen, sich vor dem Feuer zu schützen, indem sie in die Fleete springen – und ertrinken. Hier suchen Helfer am Nordkanal in Hammerbrook nach Toten.

Noch rauchen die Ruinen am Deichtormarkt nach dem Luftangriff. Auf dem Gelände am Hafen lagen seit 1911 die Hallen des Großmarkts von Hamburg.

„Im August sah ich Hamburg nach sechzehn Jahren wieder: eine Stadt im Zwielicht, vielgestaltig und galgenhaft aus dem Düster ragend; Häuser, die oft nur Fassaden mit geborstenen Fenstern waren…“ (Stephen Spender, 1909–1995)

Ecke Zippelhaus/Neue Gröningerstraße: Ausgebombte versuchen, ihren Hausrat zu retten. Mehr als 900 000 Hamburger verlassen nach dem Feuersturm die Stadt. Doch schon wenige Wochen danach werden viele wieder in ihre Heimatstadt zurückkehren.

Anstehen zum Transport aus der Stadt. Das Gros der rund 900 000 Hamburger Bombenflüchtlinge wird mit Zügen, Schiffen und Lastwagen in provisorische Aufnahmequartiere nach Niedersachsen und Schleswig-Holstein gebracht.

außerhalb. Die Wasserstraßen, Kanäle und Fleete waren durch gesunkene Schiffe blockiert, die Hafenanlagen allerdings zu 80% einsatzfähig. Die gesamte Wasser-, Gas- und Stromversorgung fiel bis Mitte August aus. „Das utopisch anmutende Bild einer schnell verödenden Großstadt ohne Gas, Wasser, Licht und Verkehrsverbindungen, mit den Steinwüsten einst blühender Wohngebiete war Wirklichkeit geworden", wie der Polizeipräsident in seinem Bericht vermerkte.[15]

Angesichts des Ausmaßes der Zerstörungen war es eine außerordentlich schwierige Aufgabe, auch nur die elementaren Bedürfnisse der verbliebenen Bevölkerung zu erfüllen. Vor allem die Trinkwasserversorgung war in der glühenden, stauberfüllten Trümmerwüste lebenswichtig. Ohne schweres Räumgerät, fast nur mit Handwerkzeugen mussten erst einmal die Straßen passierbar gemacht werden, um Versorgungskonvois und Reparaturtrupps in die Stadt bringen zu können. Mit Hilfe der Wehrmacht gelang es binnen kurzer Zeit, die benötigten Trinkwassermengen bereitzustellen, die Verpflegung der gesamten Bevölkerung durch öffentliche Stellen in Gang zu bringen und den Ausgebombten an den meisten Sammelplätzen reichliche Mahlzeiten und markenfreie Sonderrationen von Bohnenkaffee, Zigaretten, Süßwaren und Spirituosen zu bieten. 840 000 Menschen, das Gros der rund 900 000 Hamburger Bombenflüchtlinge, wurden mit Zügen und Elbschiffen in provisorische Aufnahmegebiete in Niedersachsen und Schleswig-Holstein gebracht[16] und dann weiter auf das ganze Reich, einschließlich der annektierten Gebiete im Osten, verteilt. Trotz mancher Pannen und lähmenden Kompetenzstreitigkeiten zwischen militärischen und zivilen Stellen war das eine beachtliche logistische Leistung. Den Opfern des Bombenkriegs scheint sie aber keinen besonderen Eindruck

Bis Mitte August 1943 fiel die gesamte Wasserversorgung aus. Trinkwasser musste mühsam mit Lastwagen herangeschafft oder aus den beschädigten Leitungen „abgezapft" werden.

Von einer Feldküche an der Moorweide wird an wartende Ausgebombte ein Teller Suppe ausgegeben.

gemacht zu haben; anerkennende Äußerungen sind nicht zu finden. Im Gegenteil wurde eine gut funktionierende Hilfe eher als selbstverständlich erwartet; sie verhinderte, dass sich die Verzweiflung über das Erlebte in offener Auflehnung entlud. Wenn an einer Sammelstelle keine warme Verpflegung oder keine Sonderzuteilung ausgegeben werden konnte, verschlechterte sich die „Stimmung" sofort.[17] Ähnliches wurde auch in Köln und anderswo beobachtet. Es war das Mindeste, was die Ausgebombten vom Staat erwarteten, dass er in ihrer verzweifelten Situation für sie sorgte.

Die Autorität der Staatsorgane war denkbar gering;[18] denn welche Druckmittel sollten sie gegenüber Menschen gebrauchen, die nichts mehr als die nackte Existenz besaßen, vielleicht als einzige aus der Familie dem Inferno entronnen waren? Schon nach dem ersten großen Nachtangriff am 25. Juli 1943 flohen Zehntausende aus der Stadt, obwohl am Morgen in der Zeitung eigens darauf hingewiesen wurde, dass es nach wie vor verboten sei, Hamburg ohne besondere Genehmigung zu verlassen. Nach der Feuersturmnacht, am Morgen des 28. Juli, versuchte der Reichsstatthalter, durch die Anordnung der Evakuierung von Verletzten, Frauen und Kindern Einfluss auf die Bewegung zu gewinnen, die nicht mehr zu stoppen war. Sein Appell: „Von den Männern fordere ich Einsicht in die Pflicht auszuharren, zu helfen und das Los der am schwersten Betroffenen zu lindern", blieb jedoch unbeachtet.[19] Auch Männer verließen in großer Zahl die Stadt, um sich mit ihren Familien in Sicherheit zu bringen. Selbst Beamte, Betriebsführer und sogar „Einsatzgruppenleiter", die nach einem Erlass vom 20. April 1943 verpflichtet waren, auch bei schwerstem persönlichen Bombenschaden auf dem Posten zu bleiben, schlossen sich der allgemeinen Flucht an. Von den 232 Mann der Einsatzgruppe Wandsbek erschienen beispielsweise am 28. Juli nur 50 zum Dienst. Zwei bis drei Wochen nach der Katastrophe waren beim

Die obdachlosen Kinder sitzen inmitten ihrer Habseligkeiten. Nach zehn Tagen Inferno sind fast 40 000 Gebäude zerstört und mehr als die Hälfte aller Wohnungen unbewohnbar.

Betreuungskarte für Fliegergeschädigte vom 29./30. Juli 1943, auf der bestätigt wird, dass der Betroffene wegen eines Bombenschadens seine Wohnung räumen musste.

Betreuungskarte für Fliegergeschädigte

für

Name mit Angehörigen

hat bei dem Fliegerangriff am

Personen-, Sach-(Total-, Teil-), Nutzungsschaden erlitten - die Wohnung räumen müssen.

GK. Dienststelle Nr.

Unterschrift

1. Sozialverw.: Notquartier
   Ersatzquartier
   Möbellagerung
   Notlebensm.K.
   Vorauszahlungen
2. NSDAP., Amt f. Volkswohlf.:
   Speisungen
   Bekleidung
3. Ern. u. Wirtsch. Amt:
   Ers. Lebensm. K.
   Bezugscheine
4. Verschiedenes:

SV. X 52

Hauptternährungsamt von 2 500 Beamten nur 900 zur Stelle, bei der Feststellungsbehörde, die für die Anerkennung der Bombenschäden zuständig war, von 480 Beamten nur 220, beim Postamt 1 von 3 000 Bediensteten nur 1 200.[20] Disziplinarmaßnahmen wurden nur denen angedroht, die nach dem 10. August immer noch nicht zur Arbeit zurückgekehrt waren. In der ersten Woche nach der Katastrophe vermied es der Staat, mit den Opfern in Konflikt zu geraten. Auch die Polizei hütete sich, den Flüchtenden Halt zu gebieten. Sie hatte Befehl, gegenüber der deutschen Bevölkerung nur helfend und behutsam lenkend einzugreifen: „Die Menschen wandern bis zur Erschöpfung. Erst dann sind sie abzufangen, zu verpflegen und durch Verkehrsmittel weiterzubefördern." Über den Erfolg dieser Taktik hieß es: „Durch den bewusst vorsichtigen Einsatz der Polizei wurde in keinem Fall die Stimmung der Bevölkerung gereizt."[21]

Zeitweilig war eine geordnete Verwaltungstätigkeit wegen der Flucht der Bediensteten unmöglich. So wurden große Mengen von Lebensmitteln unkontrolliert ausgegeben und die aus Hamburg abwandernden Menschen nicht registriert, was später die Rückrufung der Arbeitskräfte sehr erschwerte. Bei der NSDAP selbst machten sich Auflösungserscheinungen bemerkbar; das „Führerprinzip" versagte. Gegen den ausdrücklichen Befehl des Gauleiters ordneten Kreisleiter die Evakuierung ihres Stadtteils an, beschlagnahmten für andere Stellen bestimmte Fahrzeuge oder gaben eigenmächtig Lebensmittellager frei.[22] Sehr oft nutzten führende Nationalsozialisten ihre Stellung, um mit einem der wenigen verfügbaren Autos an Tausenden von Bombenflüchtlingen vorbei nicht nur ihre Familien, sondern auch ihren Besitz in Sicherheit zu bringen.[23] Solch undiszipliniertes, eigenmächtiges und selbstsüchtiges Verhalten schadete dem Ansehen der NSDAP viel mehr, als sie durch die kleinen Hilfen der NS-Volkswohlfahrt gut machen konnte.

Der Autoritätsverlust des Staates und der Partei zeigte sich an vielen Stellen: Vorschriften, z. B. über die Verdunkelung, wurden nach den Juli-Angriffen nur noch nachlässig beachtet.[24] Der Hitler-Gruß, so fiel den Beobachtern des SS-Sicherheitsdienstes auf, wurde seltener gebraucht. Mit ungewohnter Offenheit äußerten sich viele Hamburger und Hamburgerinnen auch vor fremden Ohren über die Lage, brachten Zweifel am siegreichen Ausgang des Krieges zum Ausdruck und übten scharfe Kritik an der Inkompetenz und Prahlsucht der nationalsozialistischen Führung, insbesondere an Hermann Göring, den sie für das Versagen der Luftverteidigung verantwortlich machten.[25] Nur weil die am schwersten getroffenen Menschen nicht mehr da waren, blieb nach Ansicht eines hohen Wehrmachtsoffiziers alles ruhig, als Göring am 6. August das zerstörte Hamburg besichtigte. „Wenn er vor einigen Tagen gekommen wäre, hätte man ihm zweifellos Trümmerbrocken in den Wagen geworfen."[26]

Hermann Göring (1893–1946), Oberbefehlshaber der Luftwaffe und Reichswirtschaftsminister, besucht am 6. August das zerstörte Hamburg. In ungewohnter Offenheit wurde er von vielen Hamburgern für das Versagen der Luftverteidigung verantwortlich gemacht.

Außerhalb Hamburgs kursierten Gerüchte über die dort herrschende „Novemberstimmung",[27] die Bereitschaft zum politischen Umsturz. Doch dafür waren die Überlebenden des Großangriffs zu sehr von Entsetzen gelähmt und zu apathisch. Nur das Weiterleben zu organisieren, erforderte schon alle Kräfte. Mechanisch und gleichgültig, wie innerlich erstarrt, gingen die meisten ihren dringenden Angelegenheiten nach. Einer jener Ausgebombten, der Dichter Hans Erich Nossack, erinnerte sich später: „Es wäre aber verkehrt, damals von einer Bereitschaft zu Aufstand und Unruhen zu reden. Nicht nur die Feinde, sondern die eigenen Behörden haben sich hierin verrechnet, [...] Machthaber und Behörden waren zum Teil wie vom Erdboden verschwunden, wo sie aber noch ein Scheinleben, und gleichsam geduldet, führten, gaben sie sofort nach, wenn einer aufbegehrte."[28]

Ebenso falsch wie die Erwartung der alliierten Planer, einen Aufstand in Deutschland herbeibomben zu können, war freilich die später vorherrschende Meinung, dass die Deutschen unter dem Bombenhagel wieder stärker mit ihrer Führung zusammengerückt seien. Hass auf die Angreifer soll das einigende Band gewesen sein. Solcher Hass, der sich gelegentlich auch in Gewalttaten gegen abgeschossene Piloten Bahn brach, war aber hauptsächlich bei fanatischen Nationalsozialisten anzutreffen; in der Bevölkerung insgesamt war er nach der übereinstimmenden Einschätzung von SD-Berichterstattern, Hamburger Pastoren und linken Beobachtern überraschend schwach ausgeprägt.[29] Zwar war oft der Ruf nach „Vergeltung" zu hören; doch ging es dabei weniger um die Befriedigung von Rachewünschen als um das rationale Ziel, durch die abschreckende Wirkung von Vergeltungsschlägen die Vernichtung weiterer deutscher Städte zu verhindern. Als die Gegenaktionen der deutschen Luftwaffe ausblieben, setzte sich zunehmend die Ansicht durch, dass der Krieg verloren sei.

Einen der wenigen literarischen Augenzeugenberichte über den Hamburger Feuersturm verfasst der Schriftsteller Hans Erich Nossack (1901–1977), Sohn hanseatischer Kaufleute, der sich zum Zeitpunkt der Katastrophe wenige Kilometer südlich der Stadt aufhält. Sein berühmtes Buch „Der Untergang" beginnt mit den Worten: „Ich habe den Untergang Hamburgs als Zuschauer erlebt."

Die Propaganda verfehlte offensichtlich in jeder Hinsicht ihre Wirkung. Weder die Hetze gegen den „Luftterror" der Briten noch die zur Schau getragene amtliche Zuversicht beeindruckten die Opfer der Großangriffe in der gewünschten Weise. Die staatliche Nachrichten- und Stimmungsmanipulation geriet an eine Grenze. Das „Unternehmen Gomorrha" wurde im Wehrmachtsbericht und in der auswärtigen Presse mit wenigen Sätzen abgetan. Mit den Hunderttausenden von evakuierten Überlebenden aus Hamburg aber verbreiteten sich die Berichte über das grauenhafte Ausmaß des Geschehens über das ganze Reich. Die offensichtliche Unzulänglichkeit der offiziellen Informationen führte einerseits zu grundsätzlicher Skepsis gegenüber der Propaganda; andererseits entstand die Neigung, selbst übertriebensten Gerüchten zu glauben. Nach dem Untergang der Stalingrad-Armee im Februar 1943 war es nach der Beobachtung der SD-Berichterstatter noch möglich gewesen, den Durchhalte- und Siegeswillen durch massive Propaganda neu zu stärken.[30] Die nachfolgende lange Serie von Unglücksnachrichten von den verschiedenen Fronten hatte zwar beunruhigend gewirkt. Aber erst die schlagartige Zerstörung einer Millionenstadt in der Heimat, nämlich Hamburgs, ließ das durch jahrelange Propaganda vermittelte und bis dahin bewahrte „Gefühl der Sicherheit" überall in Deutschland „urplötzlich zusammenbrechen". Die frühere Zuversicht wurde nach der Wahrnehmung des SD abgelöst von dem lähmenden Gefühl, „dem blinden Wüten" einer überlegenen Kriegstechnik hilflos ausgeliefert zu sein und den Untergang durch eigene Anstrengung nicht abwenden zu können.[31] Angesichts der unmittelbaren tödlichen Bedrohung in den Großstädten, so war in einem anderen SD-Bericht zu lesen, sei „bei jedem einzelnen ein bisher nicht gekanntes Bedürfnis zu selbständigem Nachdenken [erwacht]: das bohrende Fragen nach dem ‚Warum' und vor allem ein Hunger nach politischen Antworten, die nicht nur zündende Worte und Parolen sind [...] Nicht allein das enttäuschte Gefühl, auch der aufgeschreckte und von grauenhaften Tatsachen beeindruckte Verstand will angesprochen werden."[32] Die Zweifel erreichten auch höchste Ränge der NSDAP. Der Hamburger Gauleiter und Reichsstatthalter Karl Kaufmann reiste Mitte August 1943 nach Ostpreußen ins „Führerhauptquartier", um Hitler persönlich seine Sorge vorzutragen, ob der Krieg ohne die Fähigkeit, die Städte und die Rüstungsindustrie zu schützen, noch zu gewinnen sei.[33]

Wie bei der massenhaften Flucht der Hamburger und Hamburgerinnen aus ihrer zerstörten Stadt, so zeigte sich der Autoritätsverlust des NS-Regimes auch bei ihrer unerlaubten Rückkehr. In den ersten Aufnahmegebieten in der Umgebung Hamburgs konnten viele Evakuierte nicht bleiben.[34] Sie wurden oft mehrfach hin- und hergeschickt, bevor sie in weit entfernten Gegenden, unter anderem in Bayern, Anhalt, Danzig-Westpreußen und Mecklenburg, aber auch im Warthegau, Baltikum und Generalgouvernement Polen, Aufnahme fanden. Dort stießen sie häufig auf wenig Hilfsbereitschaft und Verständnis für ihre Lage. Teilweise wurden Kinder getrennt von ihren Müttern untergebracht. Bei den Behörden hatten Bombenflüchtlinge Schwierigkeiten, weil Bescheinigungen fehlten, und in den rasch leer gekauften Läden erwiesen sich ihre Bezugsscheine als wertlos. Die unterschiedlichen Lebensgewohnheiten der Stadt- und Landbewohner, die sich auf engem Raum arrangieren mussten, führten zu Spannungen und Konflikten. Sehr bald entschlossen sich deshalb viele Evakuierte zur Rückkehr nach Hamburg, obwohl es für Frauen mit Kindern verboten war. Auf keine Weise, weder durch die Androhung, die Lebensmittelkarten zu sperren, noch durch die Schließung von Schulen gelang es, den Strom der Heimkehrer zu stoppen. Nachdem die Einwohnerzahl Hamburgs unmittelbar nach dem „Unternehmen Gomorrha" auf 600 000 abgesunken war, belief sie sich Mitte August 1943 schon wieder auf 800 000, Anfang November auf 953 000 und am Ende des Monats auf 1,02 Millionen.[35]

Um sie vor den Bomben zu schützen, werden Kinder zwischen 4 und 14 Jahren aufs Land geschickt – in die „nicht luftangriffsgefährdeten Gaue des Großdeutschen Reiches", so die NSDAP-Sprachregelung. Dort bleiben sie oft monate-, manchmal jahrelang.

Zusammen mit den Zurückgebliebenen versuchten die Heimkehrer, ihren Alltag wieder in den Griff zu bekommen, und das bedeutete vor allem, das Wirtschaftsleben wieder in Gang zu bringen. Am 15. August konnte das Hauptwasserwerk wieder mit eingeschränkter Leistung arbeiten. Anfang September wurden die Industrie und die meisten Stadtteile wieder mit Gas beliefert, Mitte September hatten alle bewohnbaren Häuser elektrischen Strom. Am 10. August wurden erste Teilstrecken der Straßenbahn wieder in Betrieb genommen.[36] Noch monatelang mussten viele Arbeitnehmer aber mehrstündige Anmarschwege zu ihren Betrieben bewältigen. Die Kommunalverwaltung wurde dezentralisiert, um einen Totalausfall nach einem Großangriff künftig zu verhindern. 17 „Industrieblocks" wurden als Selbstverwaltungsorgane der Wirtschaft mit der Verantwortung für den Wiederaufbau der Produktionsanlagen und ihre Versorgung mit Material, Energie und Arbeitskräften betraut.[37] Zugleich hatten sie für die „Gefolgschaften" zu sorgen, Verpflegung, Unterkunft und das Nötigste an Kleidung, Hausrat und Möbeln zu beschaffen.

Das wichtigste Ziel war es, die Rüstungsindustrie möglichst schnell wieder in Gang und zu Höchstleistungen zu bringen. Trotz aller Anstrengungen gelang es in Hamburg aber bis zum Kriegsende nicht mehr, den Stand vor der Katastrophe von 1943 zu erreichen. Im Reichsdurchschnitt wuchs die Rüstungsproduktion dagegen 1944 noch an. Mit Schlägen von der Wucht des „Unternehmens Gomorrha", so zeigte diese Diskrepanz, war die deutsche Industrie durchaus nachhaltig zu schwächen. Dabei spielten die Zerstörungen in den großen Rüstungsbetrieben eine geringere Rolle als die Vernichtung vieler mittelständischer Zulieferer. Meistens war es bei den Großunternehmen recht schnell möglich, die Fabrikation aus den ruinierten in nicht oder wenig beschädigte Teile des Werks zu verlegen.

In den Wochen nach dem Feuersturm gleicht Hamburg einer Geisterstadt. Mehr als die Hälfte der Einwohner ist geflohen. Keine Bahn fährt mehr, Hafenanlagen und Industrie sind weitestgehend zerstört. Der Weg zur Arbeit für die in der Stadt Gebliebenen führt durch Trümmerschneisen.

Außer in den Bezirken Barmbek, Hafen, Billbrook und Billstedt wurde die Schwerindustrie beim „Unternehmen Gomorrha“ nicht entscheidend getroffen.[38] Bei den Werften, dem wichtigsten Zweig der Hamburger Rüstungsindustrie, sah das Bild so aus: Die schwersten Treffer hatte die Stülckenwerft erhalten; trotzdem waren die Werkstätten Ende September 1943 wieder zu 80% einsatzfähig, und die U-Boot-Produktion erreichte in diesem Jahr ihren Höchststand. Bei den Howaldtswerken waren die Fliegerschäden selbst unbedeutend, aber die Flucht eines Großteils der Belegschaft führte bis Oktober 1943 zu großen Produktionsausfällen. Auch bei Blohm & Voß konnten im August und September 1943 nur zwei statt der sonst üblichen vier bis fünf U-Boote vom Stapel laufen; die Produktionszahl der Vorjahre wurde 1943 nicht erreicht, 1944 aber übertroffen.[39] Der U-Boot-Bau stellte jedoch eine Ausnahme dar, die durch Rationalisierung der Fertigungstechnik ermöglicht wurde. Die übrige Rüstungsindustrie konnte die Folgen des „Unternehmens Gomorrha“ dagegen nicht ausgleichen. Dafür waren hauptsächlich zwei Gründe entscheidend: Zum einen waren viele Klein- und Mittelbetriebe restlos vernichtet worden und anders als die Großbetriebe nicht in der Lage, mit der Produktion auszuweichen, so dass es bei den unentbehrlichen Zulieferungen zu fatalen Engpässen kam. Zum anderen fehlte es infolge der ungeordneten Flucht von mehr als der Hälfte der Bevölkerung an den nötigen Arbeitskräften.

Trotz aller Bemühungen der Betriebe und der Behörden kehrte etwa ein Drittel der Beschäftigten nicht an seinen Arbeitsplatz zurück.[40] Da halfen weder Lohnprämien für diejenigen, die in den ersten drei Wochen nach dem „Unternehmen Gomorrha“ ihre Arbeit wiederaufnahmen, noch Mahnbriefe an alle fehlenden Arbeiter, Anzeigen und Aufrufe im ganzen Reich, der Arbeitspflicht in Hamburg nachzukommen, nicht einmal

Von dem Karstadt Warenhaus in Barmbek bleibt nach dem Nachtangriff vom 30. Juli nur noch ein Torso. Unter der Ruine sind 500 Menschen begraben, die sich in den Luftschutzkeller des Gebäudes geflüchtet hatten.

harte Strafdrohungen. Auch dies war ein deutliches Zeichen für den Autoritätsverlust der Behörden und die innere Auflösung des „Dritten Reichs"; denn oft unterstützten auswärtige Arbeitsämter die Hamburger Flüchtlinge bei ihrem Bemühen, außerhalb unterzukommen. Schließlich herrschte überall ein Mangel an Arbeitskräften und besonders Facharbeitern, und so waren die Hamburger hochwillkommen.

Die in Hamburg verbliebenen Arbeitskräfte konnten und wollten unter den miserablen Lebensbedingungen nicht dasselbe leisten wie früher. Der Geschäftsführer der Gauwirtschaftskammer beschrieb die Haltung der Belegschaften: „Die Arbeitsdisziplin [...] sinkt nach einer solchen Katastrophe rapid ab. Die Menschen besitzen nichts mehr, und sie wollen erst wieder etwas anschaffen."[41] Schlechte Unterkunft in halbzerstörten Wohnungen oder überfüllten Massenquartieren, lange und mühsame Arbeitswege über zerbombte Straßen, ständige Alarme und zahlreiche neue Angriffe, oft die Trennung von den Familien: Alle diese Faktoren zehrten an den Kräften und schmälerten die Einsatzbereitschaft, auch nachdem Wirtschaft und Alltag wieder notdürftig organisiert waren. Die morgendlichen Verspätungen, manchmal um Stunden, waren ein großes Problem, da sie den Arbeitsbeginn im gesamten Betrieb verzögern konnten. Bei internen Sitzungen klagten Betriebsführer ständig über mangelnde Arbeitsdisziplin, vor allem der jugendlichen Beschäftigten.[42] Dabei verfügten sie jetzt – neben der Anzeige bei der Gestapo, die wegen des Arbeitskräftemangels nur im äußersten Fall in Frage kam – über ein sehr wirksames Druckmittel: Da die Betriebe im Auftrag der „Industrieblocks" für Verpflegung, Unterbringung und Ausstattung der ausgebombten „Gefolgschaftsmitglieder" sorgten, wuchs deren Abhängigkeit. Der gezeigte Arbeitseifer wurde zum Hauptkriterium für die Verteilung der wenigen wiederhergestellten Wohnungen oder der viel zu knappen Konsumgüter.[43] Auch die Streichung der Überstundenzulagen von 150 Gramm Fleisch und 80 Gramm Fett

Das ganze Ausmaß der Zerstörungen registrieren die Hamburger erst in den Tagen danach, als einige Straßen geräumt und das Sichbewegen im Freien wieder möglich war. Noch immer steigt Rauch aus den Trümmern auf. 43 Millionen Kubikmeter Schutt bedecken bei Kriegsende das Stadtgebiet. Damit hätte man die Außenalster dreizehnmal auffüllen können.

erwies sich als eine wirksame Methode, der Unpünktlichkeit zu begegnen.

Durch die Fortsetzung des Bombenkriegs gegen Hamburg taten die Alliierten das Ihre, um die Wiederbelebung der Industrie zu erschweren. Bei 65 Angriffen, darunter 25 schweren mit mehr als hundert Flugzeugen, wurden bis zur Kapitulation weitere 93 000 Menschen obdachlos, mehr als 5 000 getötet und rund 6 000 verletzt.[44] In steigendem Maß wurden Industriebezirke und Rüstungskonzerne schwer getroffen. Durch vier große Angriffe wurden im Oktober und November 1944 im bis dahin weitgehend verschonten Harburg Industrie- und Handwerksbetriebe aller Größenordnungen so stark zerstört, dass beinahe die gesamte Produktionstätigkeit „längere Zeit zum Stillstand kam".[45] Besonders schwer wurden die typischen Rüstungsindustrien Maschinen-, Mineralöl- und Gummifabriken verwüstet. Am 17. Januar 1945 legten schwere Treffer auch die großen Hamburger Werften, Blohm & Voß, Stülcken und Deutsche Werft, in Teilbereichen lahm. Am 7. März 1945 mussten die Harburger Gummiwerke totalen Produktionsausfall melden, und Ende März / Anfang April 1945 wurden Blohm & Voß und die Deutsche Werft für den Rest des Krieges ausgeschaltet.

Durch die häufigen Alarme, die 1944/45 meistens tagsüber ausgelöst werden mussten – 182 mal im Jahr 1944 und 142 mal an den verbleibenden 124 Kriegstagen 1945 – wurde der Produktionsprozess immer wieder gestört, und es ging viel Arbeitszeit verloren, selbst wenn es zu keinen Angriffen kam. Am stärksten wurde die Produktion weiterhin durch das Fehlen von Arbeitskräften, insbesondere Facharbeitern, behindert. Seit 1943 hatten die Einberufungswellen auch hochspezialisierte Fachkräfte erfasst. Sie konnten allenfalls quantitativ durch Frauen, Zwangsarbeiter, Kriegsgefangene, andere Ausländer und Häftlinge ersetzt werden. 1944 war auch das nicht mehr möglich. Mit Nachdruck erklärte der zuständige Referent der Gauwirtschaftskammer im Mai: „Arbeitskräfte sind hier nicht

Das Gebäude der Hamburger Universität wie auch seine Umgebung wurden noch im Frühjahr 1945 von Bomben getroffen. Wenn die Bäume nicht durch die Detonationen zerstört wurden, dann durch die Hitze und das Feuer.

Am Kriegsende blockierten hunderte zerstörte und gesunkene Schiffe das Fahrwasser in der Elbe und in den Hafenbecken.

mehr zu beschaffen."[46] Durch Einberufungen zur Heimatflak, zu verschiedenen Hilfsorganisationen und seit Dezember 1944 zum Volkssturm wurden den Betrieben immer wieder Beschäftigte für Stunden und Tage entzogen. Selbst bei den Frauen war mit keiner Konstanz mehr zu rechnen, seit auch sie im Winter 1944/45 als Flak- und Wehrmachtshelferinnen einberufen wurden.

Doch gravierender als alle diese Probleme war seit dem Winter 1944/45 der Kohlen- und Energiemangel, der zur Stromabschaltung in Betrieben und ganzen Produktionszweigen zwang. Unversehens gab es infolgedessen sogar überzählige Arbeitskräfte, so dass Männer mit Aufräumungsarbeiten beschäftigt und Frauen auf Abruf nach Hause beurlaubt wurden.[47] Die Produktion in der Metallindustrie, Hamburgs wichtigstem Rüstungssektor, sank auf weniger als 50 Prozent des Solls. Die endgültige Lähmung der Industrie war absehbar.

Am 14. April 1945 erlitt Hamburg den letzten größeren Luftangriff. Am 3. Mai kapitulierte die Stadt. Die schreckliche Bilanz des Krieges sah in nüchternen Zahlen so aus: 44 356 Hamburger Soldaten waren gefallen oder an den erlittenen Verletzungen oder Krankheiten gestorben, etwa 41 000 Menschen durch Bomben zuhause getötet worden. 27 726 Soldaten wurden vermisst. 60 000 Männer und Frauen hatten infolge des Krieges ihren Ehepartner, 51 000 Kinder den Vater, die Mutter oder beide Eltern verloren. Mehr als 40 000 Hamburger und Hamburgerinnen waren durch Kriegsbeschädigungen erwerbsbehindert (zu mindestens 30%). Auch die Verluste durch die rassistische und politische Verfolgung von Minderheiten, Andersdenkenden und sonst Unerwünschten sind hier zu beklagen. Dazu kamen die demographischen Einbußen durch den Geburtenausfall während des Krieges und die erhöhte Sterblichkeit infolge von Unterernährung, physischem und psychischem Stress.[48] Ungefähr 900 000 Hamburger und Hamburgerinnen hatten nach einer Erhebung vom August 1948 ihre gesamte Habe, weitere 265 000 einen Teil ihres Besitzes bei Bombenangriffen verloren. 277 330 Wohnungen, 50% des Bestandes von 1939, waren völlig zerstört worden.[49] 284 583 ehemalige Einwohner lebten am 29. Oktober 1946 außerhalb der Stadt. Wie viele von ihnen als „Butenhamborger", als Kriegsmigranten, auf die Möglichkeit zur Rückkehr warteten, lässt sich nicht genau feststellen; 1951 waren 250 000 als solche beim Wohnungsamt registriert.[50]

Diese Zahlen stehen für unbeschreibliche menschliche Tragödien. Aber sie bezeichnen

Zahllose Gebäude, wie hier in der Bergstraße, werden bei den Großangriffen im Hochsommer 1943 zerstört.

Ausgebrannte Häuser an der Mönckebergstraße. Der Prachtboulevard war einst von eleganten Geschäften und Warenhäusern gesäumt. Jetzt ist er nur noch eine Trümmerwüste.

Trotz der Bombenzerstörungen versuchten die Hamburger auch in den letzten Kriegswochen, eine gewisse Normalität zu leben. Es gab, wenn auch eingeschränkt, weiterhin Vergnügungsveranstaltungen, Theateraufführungen und Konzerte. Hier das ausgebrannte Café Heinze auf der Reeperbahn im April 1945.

Durch ihre zahlreichen Tunnel und Viadukte war die Hamburger Hochbahn von Zerstörungen viel mehr in Mitleidenschaft gezogen als die S-Bahn. Nach den verheerenden Bombenangriffen vom Sommer 1943 wurden einige Linien wie diese nach Rothenburgsort nicht wieder in Betrieb genommen.

auch wirtschaftliche und soziale Fakten von großer Tragweite. Die finanziellen Gesamtschäden Hamburgs wurden bei Kriegsende auf 23 Milliarden Reichsmark geschätzt.[51] Innerhalb Hamburgs kam es zu starken Bevölkerungsverschiebungen: fort aus den verwüsteten städtischen Kerngebieten in die weniger zerstörten Randbezirke.[52] Der schon früher erkennbare Trend zum „Einpendeln" in die City wurde sehr verstärkt. Eine andere Folge war auf längere Sicht von Vorteil: Die durch die Zerstörung vieler Wohnbezirke erzwungene innerstädtische Wanderung beschleunigte das Zusammenwachsen der 1937 durch das Groß-Hamburg-Gesetz zusammengefügten ehemals preußischen und alt-hamburgischen Gebiete, deren Integration bis dahin noch kaum vorangekommen war.

Die Wirkungen der anglo-amerikanischen Bomberoffensive waren in Hamburg weit größer, als ihre Kritiker später meinten. Trotzdem waren sie nicht kriegsentscheidend. Ihre Bedeutung ist in langfristiger Perspektive zu sehen: In den schweren Bombennächten veränderte sich 1943 die Einstellung vieler Deutscher zum nationalsozialistischen Regime. Jetzt erlebten sie am eigenen Leib oder in der nächsten Umgebung die menschenverachtende Brutalität ihrer Führung, die eine ganze Armee in Stalingrad opferte, die die deutschen Städte nicht schützen konnte und den Krieg trotzdem fortsetzte. Zur Zeit der Kapitulation waren die Machthaber völlig diskreditiert. Zum Erstaunen der Besatzungsmächte gab es in Deutschland deshalb keine nationalsozialistische Untergrundbewegung. Auch für eine neue „Dolchstoßlegende" war kein Platz; denn an der Kriegsniederlage konnte angesichts der verwüsteten Städte niemand zweifeln. Die in den Bombennächten entstandene Entfremdung zwischen der Bevölkerung und dem Regime war von Dauer. Der demokratische Neuaufbau in Westdeutschland wurde dadurch erleichtert. Aber der Preis, den die Deutschen, nicht zuletzt die Hamburger und Hamburgerinnen, dafür hatten bezahlen müssen, war furchtbar hoch.

Nach der Zerstörung das Wunder: Gerade das Ausmaß der Zerstörung lässt den Wiederaufbau, an dem die „Trümmerfrauen" stark beteiligt waren, um so beeindruckender erscheinen.

Für viele Jahre lebten die Hamburger mit den Trümmern der Kriegszeit. Für die Kinder waren die Trümmer verboten, aber beliebte Spielplätze.
Foto von 1947.

Christoph Kucklick

Feuersturm. Die Nacht, als Hamburg unterging

Aus 4 000 Meter Höhe fällt eine Bombe 30 bis 40 Sekunden lang, bevor sie auf dem Boden detoniert. Sie stürzt nicht senkrecht hinab, sondern trudelt auf einer parabelförmigen Kurve, wird im Fallen von Aufwinden gebremst, von Querwinden abgelenkt, und wenn sie den Boden erreicht, ist der Bomber, der sie abgeworfen hat, bereits drei Kilometer entfernt.

In der Nacht des 28. Juli 1943 stürzt die erste Brandbombe um 01.02 Uhr aus dem Schacht einer viermotorigen britischen Lancaster auf Hamburg. Der Brandsatz vom Typ No. 15 wiegt vier Pfund, ist 55 Zentimeter lang und sechseckig, um in die Schüttwannen der Flugzeuge zu passen. Er besteht aus einer brennbaren Zink-Magnesium-Legierung. Beim Aufprall zündet ein Schlagbolzen 17 Thermitpillen, eine Stichflamme schießt hervor, verzehrt den gesamten Bombenkörper und erlischt nach acht Minuten.

In dieser Zeit muss die weiß lodernde Flamme etwas Brennbares gefunden haben, einen Stapel Zeitungen, einen Vorhang, ein Kinderbett, sonst verpufft die Wirkung. Die Brandbombe ist nur der Zünder. Das Material des Brandes ist die Stadt selbst.

Das Fanal

Um 02.25 Uhr trägt der Dienstführer in der Luftschutzleitung Hamburg erstmals jenen Begriff in seine Kladde, der für immer mit dieser Nacht verbunden sein wird: „Feuersturm". Er muss ihm eingefallen sein angesichts dessen, was ihm seine Außenposten melden. Später schreibt er, um Steigerung bemüht: „Ungeheurer Feuersturm". Und schließlich: „Ein Flammenmeer – ganz verheerend".

Es ist der zweite von sechs Angriffen, die die Hansestadt innerhalb von zehn Tagen treffen, und er ist mit weitem Abstand der entsetzlichste. In dieser Nacht brennt ein Großteil des Hamburger Ostens ab. Eine solche Feuersbrunst hat es in der Geschichte noch nicht gegeben: Innerhalb weniger Stunden ersticken oder verbrennen etwa 34 000 Menschen. Ein Gebiet, in dem vor dem Angriff fast eine halbe Million Menschen gelebt haben, wird auf Jahre unbewohnbar. Nie zuvor hat ein einziger Luftangriff eine solche Katastrophe ausgelöst. Im Verlauf des Krieges wird es weitere Feuerstürme geben, die verheerendsten davon in Dresden, Pforzheim und Tokio. Doch Hamburg bleibt das Fanal, der Auftakt des Totalen Bombenkriegs.

In jener Nacht beweist das Militär endgültig, dass es mit vergleichsweise geringem technischem Aufwand Zivilisten in ungeheurer Zahl umbringen kann. Es ist das Ende jeder Verhältnismäßigkeit, auch auf Seiten der NS-Gegner. Der Bombenkrieg wird zu einer Industrie, deren Produkt der massenhafte Tod ist. Die Atombombe wird dieses Prinzip nur vervollkommnen.

„Jetzt ist Hamburg dran!"

Am Nachmittag des 27. Juli, etwa zehn Stunden, bevor der Feuersturm losheult, packt Elfriede Sindel aus Hamburg-St. Georg einen kleinen Lederkoffer. Der Vater will, dass sie und ihre Mutter in den Erdbunker am Berliner Tor gehen. Die 14-Jährige legt ihr Lieblingsbuch über die ehemaligen deutschen Kolonien in Afrika und ihre Schildkröt-Puppe namens „Deloris" in den Koffer. Die Puppe hat kaffeebraune Haut und blaue Augen. Bei allem kann Elfriede einen Lachreiz nur mühsam unterdrücken: Die ernsten Gesichter ihrer Eltern, die ängstliche Stimmung, aus unerfindlichen Gründen findet sie die Situation komisch, ja lachhaft. Es ist das erste Mal, dass ihr Vater sie in den Bunker schickt.

Man ist lange Zeit sorglos gewesen in Hamburg. Bis zu diesem Juli ist die Stadt 141 mal angegriffen worden, zum ersten Mal am 17./18. Mai 1940, aber die Schäden waren fast immer gering. Zudem häuften sich die Fehlalarme, da die Bomberströme immer wieder an Hamburg vorbeizogen. Für genau 378 294 der insgesamt 1,5 Millionen Bewohner stehen Schutzräume in Bunkern und Kellern bereit, wie die NS-Bürokratie mit der ihr eigenen Akribie errechnet hat. Aber auch von jenen, die einen Schutzplatz haben, machen sich nicht viele bei jedem Alarm die Mühe, die Bunker oder die Keller aufzusuchen. Das ist jetzt anders.

Denn zwei Nächte zuvor haben mehr als 700 britische Bomber weite Gebiete des Hamburger Westens zerstört – Altona, St. Pauli, Eimsbüttel. Elfriedes Vater arbeitet als Wachtmeister bei der Polizei und hat bei den Rettungsarbeiten geholfen. Mit dem heiseren Kratzen einer Rauchvergiftung berichtet er von den Verwüstungen: rund 1 500 Tote, noch immer brennen viele Häuser, Qualm hängt über den Trümmern, über ausgebombten, verstörten Menschen. Es ist einer der schwersten Angriffe gewesen, der bis dahin eine deutsche Stadt getroffen hat. Rund 34 000 Mann und alle 700 verfügbaren Löschzüge der Feuerwehr waren im Einsatz, das Chaos zu bewältigen. Im Polizeipräsidium, erzählt der Vater, wird normalerweise jede Schadensmeldung mit einer Nadel in der Lagekarte verzeichnet. In der Nacht des ersten Angriffs auf Hamburg haben die Beamten aufgegeben: Es waren mehr Notrufe als verfügbare Nadeln.

Viele Menschen glauben, dass dieser Angriff erst der Auftakt sei. Es wird gemunkelt, die Engländer hätten Flugblätter abgeworfen: „Jetzt ist Hamburg dran!“ Doch solche Ankündigungen hat es nie gegeben, die Royal Air Force warnt die Opfer nicht. Die Gerüchte spiegeln allein die Furcht der Menschen. Elfriede Sindel aber kann das Kichern nicht lassen, noch im Bunker schilt ihre Mutter sie, endlich ernst zu sein.

Rund 700 britische Maschinen zerstören am 25. Juli weite Gebiete im Westen Hamburgs, in Altona, Eimsbüttel, St. Pauli. Es ist der schwerste Angriff, den die Royal Air Force bis dahin gegen eine deutsche Stadt geflogen hat. Aber es soll noch viel schlimmer kommen.

Junge Männer auf „Tour"

Frank Wolfson fliegt seinen Bomber in weiten Schwüngen über den nächtlichen Himmel; wie in einer Schaukel lässt er die 30 Tonnen schwere, viermotorige Lancaster von links nach rechts und zurück schwingen. Das *swaying* ist überaus kraftraubend, weil den Höhen- und Seitenrudern die Servounterstützung fehlt, und es birgt stets die Gefahr, in der Dunkelheit mit einem anderen Bomber zusammenzustoßen. Aber es vermindert das Risiko, von einem deutschen Jäger oder den Flugabwehrkanonen (Flak) abgeschossen zu werden. *Level*, also stur geradeaus, fliegen nur Draufgänger und Schwachköpfe.

Gemeinsam mit Wolfson nähern sich mehr als 700 Bomber Hamburg. Sie fliegen im sogenannten „Bomberstrom". Der Theorie nach ist das eine – bei 700 Maschinen – rund 325 Kilometer lange Formation, in der die Bomber geordnet ihre Bahnen ziehen. In der Praxis ist es ein Durcheinander aus Flugzeugen, die durch die Nacht schwingen, aufgrund von Motorschäden zurückfallen oder brennend hinabstürzen – eher ein nervöses Rudel als ein disziplinierter Verband.

Flugblatt der Engländer aus dem Jahr 1943

Der 21-jährige Wolfson fliegt seine 18. Mission. Damit zählt der Flight Sergeant bereits zu den Veteranen. Er sitzt vorn links in der Pilotenkanzel, einen Co-Piloten gibt es in der Lancaster nicht; es ist ohrenbetäubend laut und stickig, weil eine Warmluftdüse unter dem Pilotensitz endet. Schräg unterhalb von Wolfson sitzt der Flugingenieur, dahinter kauern in der 21 Meter langen Maschine fünf weitere Crew-Mitglieder: Navigator, Funker, Bombenschützen und MG-Schützen, die sich oft mit *wakey-wakey*-Pillen wachhalten, Aufputschmitteln wie Benzedrine. Sie sind alle um die 20 Jahre alt, haben sich freiwillig gemeldet und auf mindestens 30 Einsätze verpflichtet. Die Chancen, dass sie eine solche „Tour" überleben, sind gering: Im Kriegsverlauf überlebt nur jeder Dritte mehr als 30 Feindflüge.

Die Männer sind bei der Royal Air Force (R. A. F.), weil sie das Fliegen aufregend finden oder weil sie ihre Pflicht tun wollen, um Hitler niederzuringen. Es sind Abenteurer und Idealisten in einem, „wir waren jung, wir suchten die Herausforderung", erinnert sich Wolfson. Seine Lancaster hat er auf den Namen „Werwolf" getauft: „Ein Mensch am Tag, eine Bestie in der Nacht". Umfragen unter den Piloten zeigen, dass drei Viertel von ihnen keinen Hass gegen das deutsche Volk empfinden. Sie erledigen einen Job. Im Bombenschacht von Wolfsons Maschinen hängen beim Anflug auf Hamburg 2 832 Brandbomben vom Typ Nr. 15 sowie eine 2 000-Kilogramm-Bombe, die *cookie* genannt wird, Keks.

Es ist verteufelt schwierig, nachts und in vier bis sechs Kilometern Höhe eine verdunkelte Metropole zu finden, auch wenn sie die Größe Hamburgs hat. Die Navigationshilfen der Flieger sind erbärmlich, kein Vergleich mit heutigen Präzisionsinstrumenten.

Im Verlauf des Krieges treffen 20 Angriffe, die eigentlich Kiel oder Lübeck gelten, aus Versehen Hamburg. Die Piloten verfliegen sich, weil Wolken das Ziel verschleiern oder weil sie die Elbe mit der Ostsee verwechseln, weil ihre Instrumente ausfallen oder weil Attrappen sie verwirren: 16 Kilometer elbabwärts etwa steht eine beleuchtete Tarnanlage, die der Hamburger Binnenalster gleicht und von ihr ablenken soll. Einmal lassen sich Piloten tatsächlich täuschen und zu einem Angriff auf die Holzimitation verleiten; dabei wird die Kleinstadt Wedel im Westen von Hamburg vernichtet.

Im Frühjahr 1943 kommen etwas verlässlichere Leitsysteme zum Einsatz, die von englischen Bodenstationen Peilstrahlen in den deutschen Luftraum schicken und den Flugzeug-Navigatoren verraten, wo am Nachthimmel sie sich ungefähr befinden. Einige Flieger verfügen zusätzlich über das H2S-Bordradar, das allerdings nur vage Kontraste auf einen winzigen

Beim Anflug der Lancaster-Bomber auf Hamburg malen Zielmarkierungen, Flakfeuer und Scheinwerfer Lichtzeichen in den Himmel, die durch die lange Belichtungszeit der Nachtaufnahme zu Schlieren verwischen.

Bildschirm projiziert: Wasser erscheint dunkel, Land hell, eine Stadt glänzend. Die Umrisse gleicht der Navigator an Bord mit einem Bodenatlas ab, doch immer wieder kommt es zu Verwechslungen.

Bereits am 27. Mai 1943 hat der Chef der britischen Bomberflotte, Arthur „Butch" Harris, im streng geheimen Einsatzbefehl Nr. 173 seine Pläne für die Hafenstadt in schmerzhafter Knappheit formuliert: „Absicht: Hamburg zu zerstören". Ob er dabei an einen Feuersturm dachte, ist unklar. Aber seit langem experimentiert die Royal Air Force mit unterschiedlichen Abwurfmustern und Munitionsmischungen, um Städte möglichst effizient in Brand zu setzen.

Um die markanten Konturen der Binnenalster zu verschleiern und den britischen Piloten die Zielpeilung zu erschweren, ist das Gewässer mit hölzernen Tarnbauten camoufliert. Dies soll vor allem die strategisch wichtige Lombardsbrücke schützen, was auch gelingt: Sie übersteht den Krieg unzerstört.

Die Piloten erfahren von Harris' Absicht nichts. Für sie heißt es wie immer: Industrie- und Militärziele. Von Wohnvierteln, von Zivilisten ist bei keinem Einsatz die Rede. Aber es wäre ihnen auch egal gewesen, sagt Wolfson. Sie befinden sich im Krieg, und Coventry und London sind ebenfalls bombardiert worden. Den Codenamen, den Harris für die Angriffe auf Hamburg gewählt hat, nehmen sie ohne Schaudern hin: „Operation Gomorrha".

Eine zauberhafte Sommernacht

Die Nacht auf den 28. Juli ist ungewöhnlich warm, der ganze Monat war es, an diesem Abend liegt die Temperatur noch um 18 Uhr bei 30 Grad. Im Osten Hamburgs füllen sich die Lokale und Cafés mit Menschen, trotz des Angriffs vor 48 Stunden auf den Westen. Man trinkt „Lütt un Lütt": Bier und Kümmel für 15 Pfennig.

Auf den Straßen tauschen einige Kinder Granatsplitter; es gibt blaue, rote, gelbe, grüne, und je größer sie sind, um so mehr Murmeln und Briefmarken lassen sich dafür erwerben. Andere Kinder spielen „Bombenkrieg", das ist beliebt in diesen Tagen. Die Mädchen sind die britischen Bomber, die Jungen die deutschen Jäger, die die Feinde abschießen, also auf den Boden niederringen. Annäherung in den Zeiten des Krieges. In Hamm und Borgfelde leben vorwiegend Handwerker und kleine Beamte, manche Straßen werden von stuckverzierten Häusern aus der Gründerzeit gesäumt. Die Wohlhabenderen unter den Bewohnern tragen Unterwäsche aus Kunstseide, ein Fehler, von dem sie noch nichts ahnen: Das Material brennt besonders gut.

Im benachbarten Hammerbrook und Billwärder Ausschlag leben dicht gedrängt Arbeiter. In den schmalen Straßen und Hinterhöfen, Terrassen genannt, steht kaum ein Baum, auf den Balkons türmen sich Kaninchenställe, Kohlensäcke, Zinkwannen, die

Wohnungen sind eng und mit kinderreichen Familien belegt. In den Hinterhöfen Gewerbe und Handel: Trylisin-Haarwasser, J. J. Darboven Caffee en gros & en detail, Budnikowsky Bruch-Seife.

1933 waren hier fast 50 Prozent der Männer arbeitslos, aber die NSDAP erhielt nirgendwo in Hamburg so wenige Stimmen wie in dieser Arbeitergegend. In Hamm dagegen votierten die kleinen Beamten und Angestellten überdurchschnittlich oft für Hitler. Der Unterschied aber ist bedeutungslos. Beide Stadtteile werden in dieser Nacht zu 99 Prozent zerstört.

Um 23.38 Uhr werden die Flak-Stellungen über die nahende Bomberflotte informiert, Luftalarm 30. Per Radio wendet sich Staatssekretär Georg Ahrens an die Einwohner: „Starke Anflüge auf Hamburg. In wenigen Minuten fallen die ersten Bomben. Suchen Sie die Luftschutzkeller auf.“ Wegen seiner ruhigen Stimme wird Ahrens nur „Onkel Baldrian“ genannt. Um 23.40 Uhr ertönen drei an- und abschwellende Sirenensignale – Fliegeralarm.

Dann senkt sich eine große, irreale Ruhe über die dunkle Stadt. Eine Frau aus Hamm erinnert sich: „Es war vollkommen still. Keine Flugzeuge. Keine Flak. Eine zauberhaft schöne Sommernacht.“

Otto Sander verschläft. Der 24-jährige Bäcker war einer der besten Langstreckenläufer des Reiches – 31 Minuten über 10 000 Meter –, zweimal ist er gegen den später berühmten Emil Zatopek gelaufen, einmal hat er ihn besiegt. An der Ostfront wurde

Platzkarte
für
den L. S.-Bunker ... 632/38
Herr/Frau Anna Paulsen
Wohnung: Stübbesweg 30 II
ist berechtigt, den Raum Nr. 403 mit — Kindern zu benutzen.
(Siegel)
(Unterschrift)
Der Revierführer.
(Diese Karte ist nicht übertragbar.)

141 mal ist Hamburg bis zum Juli 1943 angegriffen worden, doch längst nicht alle Bewohner haben sich daran gewöhnt, bei Alarm die Schutzräume aufzusuchen.

Die Zahl der Plätze in den besonders sicheren Bunkern ist begrenzt, und Platzkarten erhalten nur Anwohner ohne geeignete Luftschutzkeller. Wer bei drei Angriffen hintereinander den Bunker nicht aufsucht, verliert sein Anrecht.

sein linker Unterarm zerschossen, jetzt bildet er in einer Hamburger Kaserne Rekruten aus.

Sander und seine Frau überhören die Sirenen, erst das einsetzende Flakfeuer weckt sie. Sie rennen zum Hochbunker am Hammer Deich, wo Sanders Schwiegermutter bereits ungeduldig wartet. Sie gehören zu den letzten, die eingelassen werden, hinter ihnen schlagen die schweren Stahltüren zu.
Ein typischer Bunker. Wände und Decken sind bis zu zwei Meter dick, das verlangt die Norm für den „Volltrefferschutz". Auf drei Etagen sitzen rund 300 Schutzsuchende dicht gedrängt auf schmalen Bänken, zwischen den Füßen die Koffer mit dem Notwendigsten. In separaten Räumen sitzen Schwangere und Stillende, Alte und Gehbehinderte.

Neben den Menschen aus der nächsten Umgebung drängen sich Zugereiste, Ausgebombte und Soldaten in die engen Räume, manchmal gibt es Streit um die knappen Plätze. Juden, Fremdarbeiter und Kriegsgefangene dürfen nicht in die Bunker, aber wenn Platz ist, werden sie in seltenen Fällen eingelassen.

Es herrscht wie immer eine Art hysterischer Ruhe im Bunker. Einige reden unablässig vor sich hin, andere schweigen in stummer Todesangst, einige weinen, andere wünschen sich mit Galgenhumor „BoLoNa", so heißt die Kurzformel für: BombenLose Nacht.

Im Schutze von „Window"

Die letzten Kilometer sind bei einem Angriff die schlimmsten. Frank Wolfson muss die Maschine *level* halten, gerade, damit die Bomben beim Abwurf nicht verkanten. Normalerweise ist das die gefährlichste Phase des Fluges, und die Piloten steuern durch einen Schleier aus detonierenden Flakprojektilen.

Aber diesmal ist alles anders. Die Flak ist blind, die deutschen Jäger sind ohnmächtig. Denn bei den Juli-Angriffen auf Hamburg setzen die Briten erstmals eine Wunderwaffe ein: Rund 55 Kilometer bevor die Flugzeuge die deutsche Nordseeküste erreichen, haben die Bombenschützen begonnen, bündelweise Stanniolstreifen abzuwerfen.

Die Fotoaufnahme vom 28. Juli 1943 zeigt den Hochbunker am Hammer Deich, in den sich Otto Sander mit Frau und Mutter flüchtet. Der Bunker bietet 505 Liege- und 510 Sitzplätze, doch in der Feuersturmnacht ist er vermutlich weit über die offizielle Kapazität hinaus belegt.

Während eines Fliegeralarms suchen diese Hamburger im Eingangsbereich des Reeperbahn-Tiefbunkers Schutz.

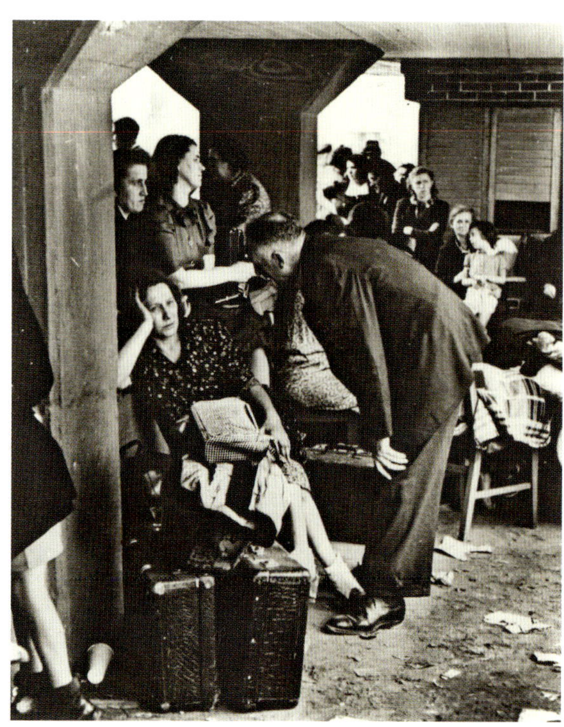

Die 24,8 Zentimeter langen und zwei Zentimeter breiten Metallfolien mit dem Tarnnamen „Window“ sind auf die halbe Wellenlänge der deutschen Radargeräte zugeschnitten. In der Luft entfalten sie sich zu reflektierenden Wolken, die unzählige Radarechos erzeugen. In der Jägerleitzentrale in Stade glauben die Offiziere zunächst, es seien mehr als 10 000 Bomber im Anflug. In jahrelanger Arbeit haben die deutschen Flugabwehrtruppen den „Kammhuber-Riegel“ aufgebaut, benannt nach dem deutschen General der Luftabwehr, Joseph Kammhuber. Der Riegel ist ein von Holland bis zur dänischen Küste reichender, tief gestaffelter Sperrwall aus Horchstationen, Radarposten, Scheinwerferabteilungen und Batterien von Flugabwehrkanonen. Über dieses Bollwerk spannen sich sogenannte „Himmelbetten“, Luftsektoren, in denen deutsche Piloten radargeleitet Jagd auf britische Bomber machen. Und das mit einigem Erfolg: Mal schießen sie zehn, mal 15 Prozent der Flugzeuge aus dem feindlichen Verband.

Die britischen Lancaster sind weitgehend schutzlos, das Bord-MG ist schwach, und der Schütze, eingezwängt bei minus 50 Grad in seiner gläsernen Plexiglaskanzel, ist nach dem langen Flug meist zu langsam für die deutschen Jäger, die wie Schatten aus dem Nichts auftauchen. Die Dunkelheit ist der einzige Verbündete der Angreifer.
Deswegen hassen die britischen Piloten den Mond, dessen Licht die Flugzeug-Silhouetten gegen das Firmament paust, und sie hassen die bläulichen Suchscheinwerfer, die den Himmel bis in 13 Kilometer Höhe abtasten und, wenn sie fündig werden, die Bomber in einen Käfig aus blendendem Licht einsperren. Dann bleiben dem Piloten wenige Sekunden, um im Sturzflug zu entfliehen, während die Flak-Granaten näherrücken, die jeweils in 1 500 Splitter explodieren und noch in zehn Meter Entfernung ein Flugzeug auseinanderreißen und es auf 180 Meter schwer beschädigen. Nichts Schlimmeres, als im Licht gefangen zu sein, die näherkommenden Detonationen zu hören, die das Flugzeug schütteln wie „ein Hund eine Ratte“ und deren Splitter auch bei kleinen Verletzungen töten: Weil der Luftdruck in der Höhe geringer ist, tritt viel Blut aus.

Doch in dieser und den anderen Juli-Nächten ist alles anders über Hamburg. „Windows“ macht die deutsche Abwehr blind. Als die erste Wolke von Stanniolstreifen durch die Luft schwebt, ist die Kammhuber-Linie wertlos, geblendet von unzähligen Radarreflexen. Die Scheinwerfer irren ziellos über den Himmel, die Jagdflieger greifen

Mit dem sogenannten „Kammhuber-Riegel“, einer Abwehrkette aus Radar- und Flakstellungen sowie Jagdverbänden, will die deutsche Abwehr die angreifenden Bomberflotten frühzeitig aufspüren und bekämpfen.

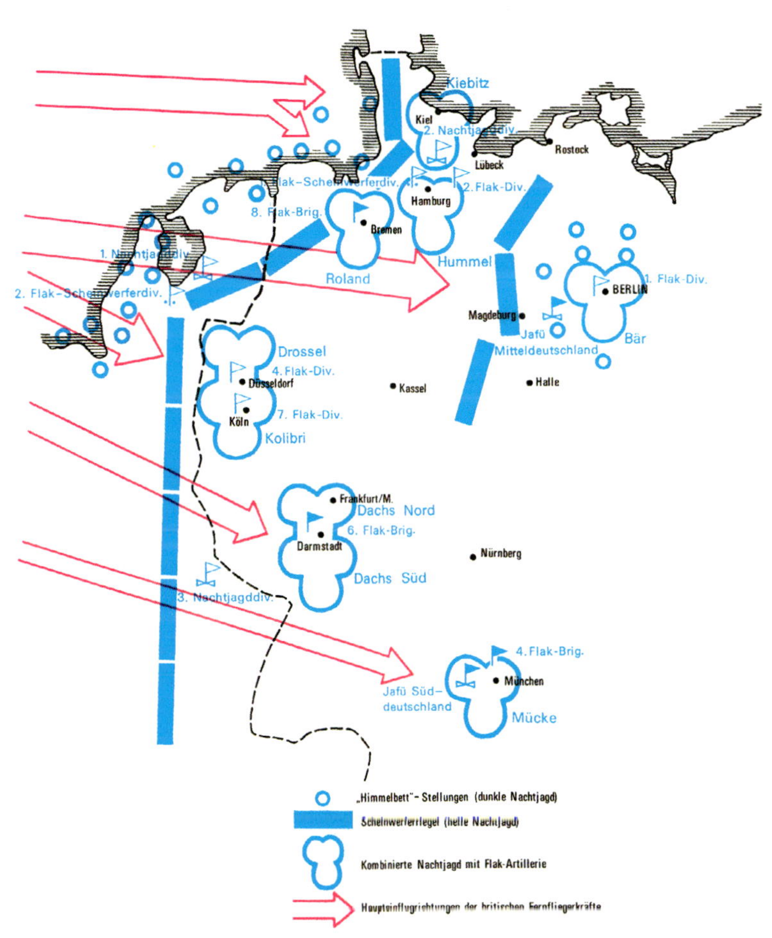

flatterndes Stanniol an, die Flak feuert 50 000 Schuss ziellos in die Nacht. Die Engländer hören den deutschen Funkverkehr ab und registrieren bei ihren Gegnern nichts als „Überlastung und Verwirrung, Wut und Angst".

Für die britischen Piloten bedeutet das: praktisch keine Verluste. Bis sie nach dem Angriff wieder die offene Nordsee erreichen, werfen sie 90 Millionen Stanniolstreifen ab, die Deutschen können den Blendvorhang zu keiner Zeit durchdringen – das hat, gemessen an der zu erwartenden Abschussquote, rund 100 englischen Besatzungen das Leben gerettet.

Die Piloten können sich ganz auf den Zielanflug konzentrieren, an den sich Frank Wolfson als „äußerst ruhig und gesittet" erinnert. „Es war die reine Magie, ein wundervoller Angriff."

Die Stadt wird markiert

Um 700 Bomber ins Ziel zu führen, fliegen speziell ausgerüstete Maschinen dem Bomberstrom voran. Sie heißen *Pathfinder*. Die Pfadfinder tragen keine Bomben, sondern allein Leuchtmarkierungen, die sie so exakt wie möglich über dem Ziel zu plazieren versuchen. Hamburg markieren sie nach der Paramatta-Methode.

Erst setzen sie über dem Ziel sogenannte *white flare*: intensiv strahlende Lichtkaskaden, die am Boden wegen ihrer Dreiecksform Tannenbäume genannt werden. Bevor diese nach wenigen Minuten verlöschen, illuminieren sie das zu zerstörende Gebiet so hell, dass nachfolgende Pfadfinder die eigentlichen Zielmarkierungen in den Himmel über Hamburg legen können. Am 27./28. Juli sind es gelbe Lichtpunkte. Sie schweben zwar drei Kilometer östlich von dem eigentlichen Zielpunkt, der Nikolaikirche im Stadtzentrum, nieder, dort aber sind sie ungewöhnlich dicht konzentriert. „Die Abweichung war nicht schwerwiegend", bemerkte später ein Luftkriegs-Historiker, „rund um die markierte Fläche gab es reichlich dicht bebautes Gebiet." Im Laufe des Angriffs werden die abdriftenden Leuchtkugeln immer wieder durch rund 200 grüne „Nachmarkierungen" ersetzt.

Auf diese Lichtpunkte zielen die Bomber, was darunter liegt, sehen sie nicht. Ob es Fabriken sind, Wohnviertel oder Felder, spielt für die Bombenschützen keine Rolle. Sie bomben, wo die Markierungen niederschweben. Ein technischer Vorgang. Das erleichtert ihnen die Arbeit: Sie werfen ihre Fracht in einen abstrakten Raum aus Licht, nicht auf Frauen und Kinder.

„Eine einzige Feuermasse"

Die erste Bombe fällt um 01.02 Uhr etwa zweieinhalb Kilometer östlich vom vorgegebenen Zielpunkt, der Nikolaikirche im Stadtzentrum. Wo genau die Brandbombe niedergeht, ist nicht bekannt, wahrscheinlich trifft sie in einen Häuserblock nicht weit von der Wendenstraße in Hammerbrook.

Nicht nur die Zielmarkierung, der gesamte Angriff ist ungewöhnlich konzentriert. In technischer Hinsicht ist er das bis dahin perfekteste Bombardement der Royal Air Force. Die Ladungen fallen ungewöhnlich dicht beieinander. Der sogenannte *creep back*-Effekt bleibt aus – also die Tendenz der Bomberbesatzungen, ihre Fracht immer früher abzuwerfen, wodurch die Angriffe in der Anflugschneise „zurückkriechen" und an Wirkung verlieren.

Nach drei Jahren Luftkrieg haben die englischen Experten die optimale Mischung aus Spreng- und Brandsätzen ermittelt, um Städte in Brand zu setzen. Erst brechen schwere Sprengbomben, sogenannte „Wohnblockknacker", die Dächer der Häuser auf, um das Innere für die Brandbomben bloßzulegen. Außerdem halten die Sprengbomben die Rettungskräfte fern und zwingen die

Wie Finger aus Licht greifen die Scheinwerferbatterien nach den angreifenden Flugzeugen und sollen der Flak den Weg zu ihren Zielen weisen.

Im Juli 1943 aber schießen die radargestützten Flakstellungen in und um Hamburg, „geblendet“ durch die abgeworfenen Stanniolstreifen, nur wahllos in das Dunkel der Nacht.

Menschen in ihre Keller, um sie am Löschen zu hindern. Zugleich fallen Zeitzünder-Bomben, die erst Stunden nach dem Angriff detonieren – auch das, um die Feuerwehren auf Distanz zu halten. So können die Brandsätze ihren Dienst tun.

Wenige Minuten nach den Einschlägen brennen die ersten Häuser im Hamburger Osten. Rund 20 Minuten später stehen ganze Wohnblocks in Flammen. Nach einer halben Stunde schlagen die Flammen aus Tausenden von Häusern. So rasch haben die Briten noch keine Stadt entzündet.

Aus 4 000 Meter Höhe sieht die Vernichtung Hamburgs wie ein unfassbares stummes Lichterspiel aus. Die glühenden Kaskaden der „Tannenbäume", die langsam zu Boden sinken und die Stadt in gleißenden Schein tauchen. Die gelben und grünen Zielmarkierungen. Die grellen, kurz aufzuckenden Blitze der Sprengbomben. Die verzögerten Detonationen der 4 000-Pfünder, die sich gleichsam in Zeitlupe und wie riesige Sonnenblumen öffnen, während sie zerbersten. Die blinkenden, kleinen weißen Flammen der Brandbomben. Und schließlich die Feuer, die rot aufglühen und sich wie lodernder Schaum ausbreiten, bevor dichter Qualm sie verbirgt.

In dieser Nacht wachsen die einzelnen Brände mit so ungeheurer Geschwindigkeit zusammen, dass die Piloten der Vernichtung noch während des Überflugs zuschauen können. „Das furchtbare und erstaunliche Schauspiel hat mich fasziniert", erinnert sich Sergeant Lamb von der 460. Schwadron. „So weit ich sehen konnte, nur eine einzige Feuermasse. Es war so hell, dass ich in 4 000 Meter Höhe die Zielkarten lesen und das Bombenzielgerät einstellen konnte."

Frank Wolfson fliegt im hinteren Teil des Bomberstroms, deswegen liegt Hamburg bereits unter dichtem Rauch, als er es überquert. Die Männer der ersten Staffeln dagegen sind entgeistert von der Gewalt des Brandes, den sie entfachen: Noch nie hatten sie „einen Angriff gesehen, der so tödlich genau und konzentriert" gewesen war. Auf Sergeant Hart von der 51. Schwadron wirkt er „so, wie ich mir einen Vulkan in voller Tätigkeit vorstelle". Manche meinen, die enorme Hitze durch die Metallwandungen ihrer Flugzeuge zu spüren, anderen dringt in 6 000 Meter Höhe Rauch in die Atemschutzmaske. Sergeant Parry von der 76. Schwadron denkt nur: „Die armen Schweine da unten."

Der Sturm beginnt

Unter den Einschlägen hebt und senkt sich der Bunker am Berliner Tor wie ein Schiff. Bei jeder Detonation zieht Elfriede Sindel voller Angst den Kopf ein.

Im Bunker ist die Lage schnell unerträglich: Alle Wasser- und Luftpumpen sind ausgefallen, das Licht ist erloschen. Die Luft wird beängstigend knapp. Es ist erdrückend heiß, und es riecht nach Urin und nach Schweiß, der sich in Lachen auf dem Boden sammelt. Die Insassen atmen flach oder schreien – nach Luft, nach Wasser, nach Rettung. Und alle beten, auch Elfriede Sindel murmelt immer wieder die gleichen Worte: „Dein Wille geschehe, dein Wille geschehe!"
Jedes Zeitgefühl geht verloren in dem lichtlosen Bunker. Manche meinen, die Flugzeuge über der Stadt körperlich zu spüren. Wie von fern hört man ein Rauschen, das Rauschen des Feuersturms. Doch was draußen geschieht, kann niemand ermessen. Sonst hätten die Bunkerinsassen wohl nicht die Tür geöffnet.

Als sie es tun, weil es unerträglich heiß wird, ist es, als stießen sie das Tor zur Hölle auf, empfindet Elfriede Sindel. Menschen stürzen herein – „aber waren das noch Menschen? Sie hatten fast keinen Fetzen mehr am Leib, Gesicht, Hände, Arme, alles eine Brandwunde. Wohin sie stürzten, dort blieben sie liegen, stöhnten, wimmerten, verendeten." Der Feuersturm hat die Menschen in den Bunker geweht. Die 14-Jährige wendet sich benommen ab.

Nach übereinstimmenden Berichten derer, die sich in dieser Nacht auf den Straßen aufgehalten und überlebt haben, setzt der Sturm gegen 01.20 Uhr ein. In dem Moment, in dem sich tausende Einzelbrände zu einer einzigen Flammenfront vereinigen, heult er in Sekundenschnelle los.
Das Feuer breitet sich in diesem Moment nicht mehr einfach aus, sondern es explodiert förmlich. Es ist, als gäbe es auf einen Schlag nichts anderes als Flammen, als entzündeten sich alle anderen Elemente. Luft, Wasser, Erde – alles brennt in dieser Nacht. Mit einem schrillen Pfeifen beginnen die Flammen, die umliegende Luft anzusaugen. Es wirkt, als ob auf einer gigantischen Kirchenorgel alle Töne gleichzeitig erklängen. Innerhalb weniger Augenblicke steigert sich der Sturm auf Geschwindigkeiten, die kaum ein Orkan erreicht: Mit bis zu 270 km/h rasen vulkanheiße Feuerwirbel durch die Straßen, wechseln ständig ihre Richtung und jagen Glutflocken, groß wie Walnüsse, vor sich her, die alles, was in ihrem Weg steht, sofort entzünden.

Der Feuersturm dreht meterdicke Bäume aus dem Grund, er biegt Pappelspitzen auf den Boden, hebt Kioske aus den Fundamenten und Autos von den Straßen. In mehreren Meter Höhe wirbeln brennende Holzbohlen und Fenster und ganze Dachteile, gebackener Mörtel aus den Mauerfugen der eingestürzten Häuser weht in glühenden Schwaden durch die Luft.

Der Sturm reißt Babys aus den Armen ihrer Mütter, Gebrechliche weht er in die Flammen. Mancherorts herrschen Temperaturen von bis zu 1 000 Grad, Fensterglas und Küchenkacheln schmelzen. Menschen gehen von einem Moment zum anderen in Flammen auf, ein Phänomen, das als „spontane Entzündung" bezeichnet wird und auch Häuser erfasst: In einer einzigen Verpuffung stehen sie vom Boden bis zum Dach in Brand.

Das Feuer schafft sich seine eigene Architektur: Wie aus dem Nichts stehen Wände aus Feuer vor Flüchtenden, Säulen, Türme und Riegel aus Feuer, jeder Schritt ist unberechenbar, der Brand kennt keine Regel. Die Hitzestrahlung macht viele Menschen schlagartig blind: Hornhaut und Augapfel verglühen, die Opfer taumeln orientierungslos in die Flammen. Die enorme Hitze lässt Wasserkessel in den Kellern platzen und das siedende Wasser über die Schutzsuchenden sprühen.

Später sagen viele Überlebende, der Sturm sei wie ein Weltuntergang gewesen. Das ist keine Übertreibung. Die uns bekannte Welt geht tatsächlich unter. Hamburg wird zum Feuerplaneten, auf dem Menschen nicht leben können. Es gibt keinen sicheren Ort mehr in diesen Stunden: In eine windgeschützte Nische fährt plötzlich ein Feuerwirbel und verbrennt alle Schutzsuchenden; scheinbar Gerettete ertrinken in einem Bombenkrater, der sich mit Wasser aus einer geplatzten Leitung füllt. Nur wer Glück hat, überlebt. Pures zufälliges Glück.

In den Flammen

Herbert Brecht ist 15 Jahre alt und gehört zu einem sogenannten Schnellkommando, das Brände im Keim ersticken soll. Die Jungen fahren auf einem offenen Wagen durch die Süderstraße, als der Sturm losheult. „Die Hitze war unerträglich. Wir haben vor Schmerzen geschrien und gewimmert. Brennende Menschen taumelten hinter uns her." Der Anhänger bleibt stecken, die Jungen springen hinab, und der Feuerorkan treibt den 15-Jährigen ohne sein „Zutun in einen riesigen Bombentrichter. Alle, die nicht in diesen Trichter gefallen sind, hatten keine Überlebenschance." Um den Krater findet man später 400 Tote.

Die 19-jährige Käte Hoffmeister flieht gemeinsam mit ihrer Mutter und einer Tante aus einem Schutzkeller im Grevenweg, sie wollen zu einem Fußballplatz in der Eiffestraße laufen, wo die Flammen sie nicht erreichen. Aber dann können sie die Eiffestraße nicht überqueren, denn der Asphalt ist geschmolzen.

„Es waren Menschen auf der Fahrbahn, einige schon tot, andere lebten noch, aber sie waren in dem Asphalt steckengeblieben und konnten sich nicht befreien." Sie müssen in ihrer Panik auf die Straße gelaufen sein, ohne die Falle zu bemerken. „Sie waren mit den Füßen eingesunken und hatten dann versucht, sich mit den Händen loszustemmen. Nun lagen sie auf Händen und Knien und schrien."

Nicht überall schmelzen die Straßenbeläge. Aber überall gehen die Menschen zu Boden, denn nur dort findet sich noch Sauerstoff. Ein Polizeiwachtmeister stürzt an der Hammer Landstraße aus seinem Fahrzeug und duckt sich neben Sitzende, die „apathisch vor sich hinwimmern". Er legt sich neben den Kantstein, verbirgt das Gesicht hinter dem Stahlhelm, und mit den Händen löscht er seine immer wieder aufflammende Kleidung. Um zu atmen, saugt er den Sauerstoff direkt vom Straßenpflaster, Nase und Knie verbrennen. Etwa anderthalb Stunden liegt er so da. Alle umliegenden Menschen sterben.

Der Sauerstoffmangel erklärt, weshalb später die meisten Leichen auf den Straßen in ähnlicher Position gefunden werden: mit dem Gesicht nach unten, einen Arm um den Kopf gelegt, um sich vor dem Glutsturm zu schützen.

Große Hitze zerstört die Haut innerhalb von Millionstelsekunden. Explosionsartig verdampft die Feuchtigkeit aus den Zellen, die Haut schrumpft auf einen Schlag zu Leder, an Bauch, Hals und Hoden kann sie durch die plötzliche Spannung aufreißen. Flüssigkeit aus dem Blut wandert in die ausgetrockneten Zonen, das Blut selbst dickt ein, und der Kreislauf blockiert.

In anderen Fällen „zentralisiert" der Körper und lenkt das Blut aus den verletzten Armen und Beinen zum Herzen und ins Gehirn, so dass Menschen in der größten Hitze vor Kälte zu zittern beginnen. Auch pressen der Sturm und die Druckwellen der Detonationen überhitzte Luft in die Atemwege, die Lungenbläschen trocknen schlagartig aus, schrumpfen oder platzen. Die Menschen ersticken innerhalb weniger Minuten.
In jedem Fall sind die Opfer des Sturmes tot, wenn die Flammen sie schließlich erfassen. Luftschutzkeller, sonst bei Bombardements relativ sicher, werden im Feuersturm zur tödlichen Falle. In der Wendenstraße, nur 250 Meter vom Zentrum des Feuersturms entfernt, harrt Rolf Witt mit seinen Eltern und Nachbarn in einem Keller aus. Er ist einer der wenigen Männer im wehrfähigen Alter in der Stadt, wegen eines Herzfehlers musste er nicht an die Front.

Als die Schutzsuchenden ahnen, was sich draußen abspielt, schlagen sie die Wand zum Nachbarkeller ein, um zu fliehen. Ein Fehler. Sie starren in ein Feuerloch. Rauch und Flammen schlagen herein und ersticken etliche Menschen. „Ich hörte sie schreien, aber das wurde immer und immer leiser."
Rolf Witt gibt seinen Eltern Zeichen, sie mögen ihm ins Freie folgen, er stürzt hinaus, sofort verbrennen ihm die rasenden Funken die Hände, er zieht seinen Wintermantel über den Kopf und läuft in den Sturm hinaus. Doch seine Eltern folgen ihm nicht, und als er sich umschaut, ist das Haus bereits eingestürzt.

Die meisten Menschen in den Kellern werden aber nicht verschüttet, sondern sterben an Brandgasen wie Kohlenmonoxid. In der Hitze schwelen die Kohlevorräte, die verbotenerweise in fast allen Kellern lagern, und füllen die engen Räume mit dem farblosen, giftigen Gas.

Die Mehrzahl der Opfer findet man später wie Wartende auf ihren Plätzen sitzend, viele haben einen friedlichen Gesichtsausdruck. Ihre Haut ist kaffeebraun gebacken, ihre Körper sind bis auf die Hälfte zusammengeschrumpft, weil Hitze und Trockenheit die Flüssigkeit aus den Leibern gesaugt haben. Später finden Experten für sie den Begriff „Bombenbrandschrumpfleichen". Andere Tote liegen auf dem Fußboden in der erkalteten schwarzen Masse ihres geschmolzenen Körperfetts.

„Das mutet man Menschen zu"

Die Bomber werfen mehr als 50 Minuten lang immer neue Brandsätze in die Flammenfront und erweitern sie stetig nach Osten. Es trudeln in dieser Zeit mehr als 300 000 Brandsätze herab, und könnte man sie über den tosenden Flammen hören, würde das Rauschen der sechseckigen Bomben klingen wie ein Wasserfall.
Den Höhepunkt erreicht der Feuersturm zwischen 03.00 und 03.30 Uhr, der Einsatzleiter der Feuerwehr verzeichnet ein Flammenmeer vom Berliner Tor bis nach Wandsbek, das sind etwa vier Kilometer. Rund 16 000 Wohnblocks mit einer Straßenfront von 215 Kilometern stehen in Flammen. In ihnen wohnten mehr als 400 000 Menschen. Die ungeheure Gewalt des Sturmes hat nicht nur mit dem präzisen Bombenabwurf zu tun, sondern auch mit der Wetterlage. In den heißen Wochen zuvor sind die Gebäude ausgetrocknet, am Brandtag herrscht eine Luftfeuchtigkeit von nur 30 Prozent, in dieser Jahreszeit wären 40 bis 50 Prozent normal. Zudem wölbt sich an diesem Tag eine seltene Luftschichtung über der Stadt. Die Temperatur nimmt nach oben ungewöhnlich stark ab: Der Luftschlot misst rund drei Kilometer im Durchmesser und ragt, umgeben von kälterer Luft, acht Kilometer in die Atmosphäre. Er wirkt für das Feuer wie ein Kamin. Darin schießt die von den Bränden überhitzte Luft in die Höhe, worauf sauerstoffreiche Luftmassen von der Seite nachstoßen und den Brand wie ein gewaltiges Gebläse ins Unermessliche anfachen.
Erika und Willi Wilken haben sich in ein Toilettenhäuschen am Grevenweg geflüchtet, es ist innerhalb weniger Minuten mit rund 100 Menschen überfüllt. Eine Brandbombe detoniert unmittelbar vor dem Eingang, bald, so Erika Wilken, „tönten die ersten Schreie auf: ‚Wir ersticken' und ‚Wasser, Wasser'."

Das Feuer frisst sich immer weiter voran. Als die Flammen schon an den vor ihnen Liegenden nagen und sich neben ihnen drei Soldaten mit ihren Dienstpistolen erschießen, fassen die Wilkens einen Entschluss. Sie nehmen eine Decke und ihr Köfferchen. Den

Überall in den Straßen hinterlässt der Feuersturm „Bombenbrandschrumpfleichen", wie der bürokratische Begriff für die nicht fassbare Schrecklichkeit lautet: Die Opfer der Glut sind bis auf die Hälfte ihrer Größe geschrumpft und ihre Haut ist braun gebacken. Die meisten Menschen pressen im Todeskampf ihre Gesichter auf das Straßenpflaster, um den letzten Hauch Sauerstoff einzusaugen.

Rest schildert Erika Wilken wie einen flüchtigen Spaziergang durch die Hölle: „Schnell und doch vorsichtig, damit wir auf den Leichen nicht ausrutschen, ging es ins Freie und durch das Flammenmeer. Es war geglückt. Beide ohne Brandwunden. Aber unsere letzte Kraft und unser letzter Mut waren für Stunden dahin."

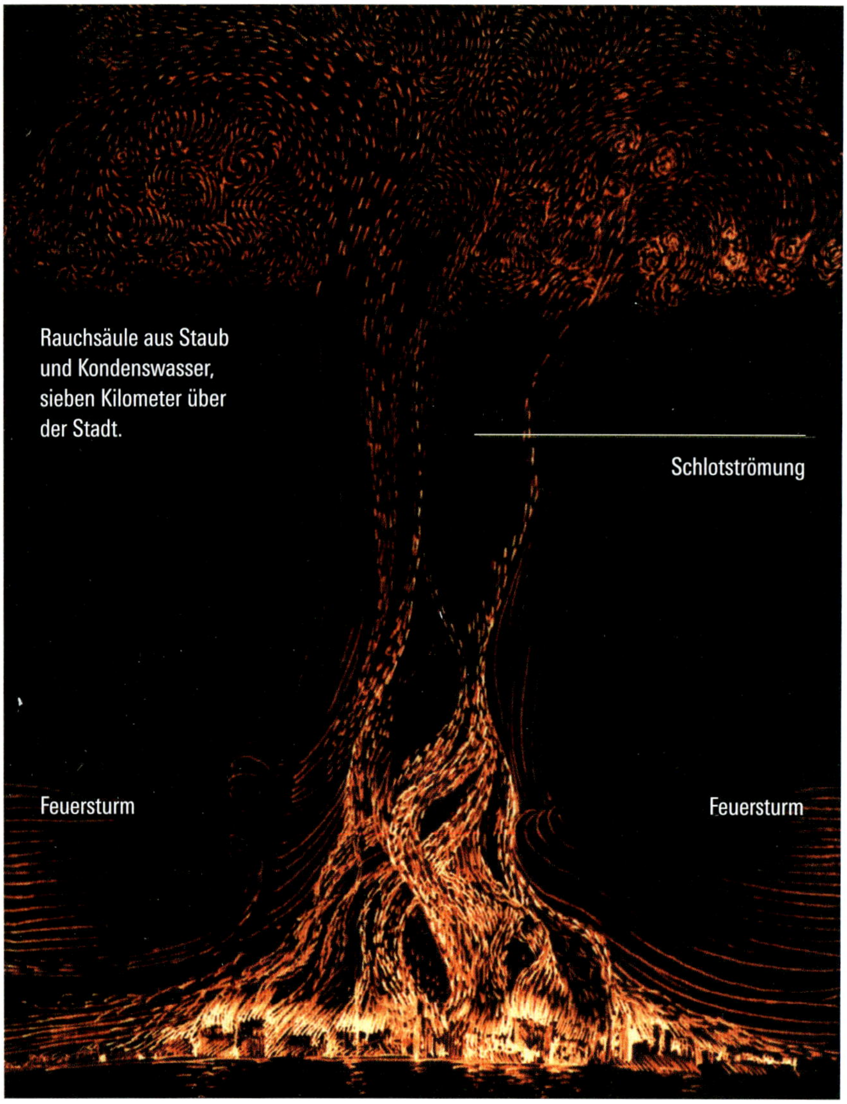

Rauchsäule aus Staub und Kondenswasser, sieben Kilometer über der Stadt.

Schlotströmung

Feuersturm

Feuersturm

Als sich am 28. Juli gegen 01.20 Uhr verschiedene Brandherde zum Feuersturm vereinigen, wird die heiße Luft, begünstigt durch ihren eigenen Antrieb und durch eine seltene Wetterlage, wie in einem Kamin kilometerhoch in die Atmosphäre gesogen. Am Boden erzeugt die Schlotströmung einen enormen Unterdruck, der die Umgebungsluft mit Orkanstärke in den Brandherd saugt und diesen immer weiter anfacht. Erst nach über fünf Stunden, als alles Brennbare vernichtet ist, ebbt der Feuersturm ab.

Die beiden schleppen sich zu einem Kanal, wo bereits viele Menschen im Wasser schwimmen. Was nicht jeden rettet. Viele ertrinken entkräftet.

Luise Solmitz erinnert sich an die Erzählung einer Frau, die mit zerfetztem Schuhwerk und blutenden Füßen durch Hammerbrook flüchtete. Überall Trümmer und Leichen. Viele der Schwerverletzten flehten sie an: Mitnehmen, bitte mitnehmen. Sie umklammerten die Füße der Frau, hängten sich an ihre Kleider – und sie, sie trat nach ihnen, wo sie hintraf, wehrte sich mit Fußtritten gegen den sicheren Tod. Frau Solmitz notierte in ihr Tagebuch: „So sieht der Krieg aus, das mutet man Menschen zu – nicht nur den Sterbenden, nein, auch dieser Frau."

Otto Sander, der Langstreckenläufer, wagt sich in den Sturm hinaus, als so viele Frauen in seinem Bunker am Hammer Deich Frühgeburten erleiden, dass medizinische Hilfe unumgänglich wird. Doch die Eisentür des Bunkers ist im Feuersturm rot aufgeglüht und hat sich verzogen.

Gemeinsam mit einem anderen Soldaten bricht er den Ausgang mit einem Stemmeisen auf. Entsetzt prallen sie zurück, als die Heißluftwelle in den Bunker schlägt. Unmittelbar vor dem Eingang liegt ein Haufen verkohlter Leichen. Sander muss über die verklumpte Masse hinweg zur Straße hinaufsteigen.

Alle Häuser am Hammer Deich: nur brennende Fassadenreste und weißglühende Trümmer. Sander steckt sich ein feuchtes Taschentuch in den Mund und stürzt in den Orkan hinein, schon nach wenigen Metern ist er so erschöpft, dass er immer wieder geschützte Stellen zum Ausruhen suchen muss.

In den Straßen sieht er Pulks von Opfern, „gruppenweise verbrannten die Menschen, in der guten Absicht, sich gegenseitig zu schützen". Auf der Grevenbrücke stehen vier Soldaten, Sander spricht sie an, ihre Augäpfel sind vertrocknet: „Laß uns in Ruhe. Wir sind blind, du kannst uns nicht helfen." Kurz darauf rettet er einige Menschen aus einem brennenden Haus, das unmittelbar danach zusammenbricht: „Von dem Schreck bekamen zwei ältere Frauen einen Herzschlag."

Als Sander schließlich den Tiefbunker am Heidenkampsweg erreicht, in dem er Ärzte vermutet, dringt er nicht einmal zum Eingang vor, zu viele Leichen versperren den Weg. Sie sind zu einer einzigen schwarzen Masse verbacken, einem dampfenden Haufen aus geschrumpften Gliedmaßen, verkohlten Kleidungsresten, Fett und Asche. Sander läuft zurück, um Frau und Mutter zu retten. Wohl nur seine außergewöhnliche Konstitution als Langstreckenläufer lässt ihn den Irrweg überleben.

Auch Elfriede Sindel und ihre Mutter verlassen irgendwann den Bunker. Sie klammern sich aneinander, um nicht fortgeweht zu werden. Sie haben es nicht weit bis zum U-Bahnschacht am Berliner Tor, doch wie sie es schaffen, können sie hinterher nicht mehr sagen: Alle Luftwirbel verschonen sie, nicht einmal Brandwunden tragen sie davon. Es ist wie ein Wunder. Nur der Koffer mit der kaffeebraunen Puppe „Deloris" geht im Sturm verloren.

Im U-Bahnschacht legen sie sich zu anderen Geflüchteten, die Bettzeug auf die Gleisbohlen gelegt haben. Alle sind mit Ruß bedeckt, viele tragen wenig mehr als Kleidungsfetzen am Leib, der Rest ist verbrannt.

Nur wenige reden, was gäbe es auch zu sagen? Sie schweigen. Sie wimmern. Oder sie schreien. „Die Menschen schrien nach ihren Angehörigen", erinnert sich Elfriede Sindel, „sie schrien vor Schmerzen, und sie schrien, weil sie glaubten, ohne Schreien verrückt werden zu müssen."

Eier, Schinken und Tee mit Rum

Als die Besatzungen der britischen Bomber wieder auf ihre Stützpunkte zurückkehren, ist die Stimmung „aufgekratzt", erinnert sich Sergeant Burger: „Wir waren der absoluten Überzeugung, dass wir etwas ganz Besonderes hingelegt hatten. Das war mehr als der übliche alltägliche Routineflug."

Frank Wolfson ist ebenfalls erleichtert, der Angriff war ein *wizard prang*, Fliegerjargon für „magisches Ding". Wie nach jedem Angriff essen die Crews Eier und Schinken, das ist ein besonderer Genuss, weil beides rar ist in diesen Tagen in England, und der Stützpunkt-Pfarrer serviert Tee mit Rum. Auch Bomberchef Arthur Harris, ein spröder, scheuer Mann, zeigt sich *delighted*, erfreut. Der Angriff beweist endgültig die Zerstörungsmacht seiner Bomberflotte, an der andere Militärs immer wieder gezweifelt haben. Eine erste Auswertung ergibt, dass die Vernichtung „phänomenale Ausmaße" erreicht hat.

Wenige Tage später aber berichtet die Zeitung „Daily Express" nur von „industriellem Schaden". Meldungen, denen zufolge 20 000 oder 30 000 Menschen ums Leben gekommen seien, werden als Nazipropaganda bezeichnet. Doch rasch bürgert sich in England das Wort „hamburgisieren" ein. Für „ausradieren".

Gegen 1.20 Uhr setzt der Feuersturm ein. Tausende von Einzelbränden vereinigen sich zu einer einzigen Feuerfront. Es ist, als gäbe es auf einen Schlag nichts als Flammen, als entzündeten sich alle anderen Elemente. Luft, Wasser, Erde – alles brennt in dieser Nacht.

Schornsteine, Mauerreste und Fensterhöhlen sind alles, was von diesem Gebäude in der Altonaer Großen Bergstraße übriggeblieben ist.

„Schon als ich den Heuberg hinaufging, wäre ich beinahe wieder umgekehrt, um die Wahrheit nicht zu sehen.“ (Hans Erich Nossack)

Löschversuche am Broschek-Haus, das bereits in der ersten schweren Angriffsnacht im Juli abbrennt.

Der Feuerschein der brennenden Stadt ist noch in 200 Kilometern Entfernung zu sehen. Im über 60 Kilometer entfernten Lübeck gehen am Tag nach dem Feuersturm verkohlte Bücher nieder, die vom Brand in die Atmosphäre geschleudert worden waren.

Während des Feuersturms springen viele Menschen in die Fleete, um sich zu retten – was nicht immer das Überleben garantiert. Zuweilen brennen Öllachen auf dem Wasser oder die Menschen ertrinken vor Erschöpfung. An der Hammerbrooker Schleuse lässt sich die Gewalt des Feuers auch an den Schiffen und Schuten ablesen, die den Glutsturm nicht überstanden.

Erst als alles Brennbare vernichtet ist, lässt der Feuersturm nach. Schwerer Brandgeruch liegt über der Stadt. Wie Skelette ragen die ausgebrannten Häuser in den auch tagsüber nicht heller werdenden Himmel. Erst Ende September werden die entlaubten Bäume neue Knospen treiben – als triumphiere die Natur über die Schrecken des Bombenkriegs. Für viele Menschen in den Trümmern sind die späten Blüten wie ein Zeichen für ein Leben nach der Katastrophe.

Auch Teile der Hamburger City sind nach dem dritten Nachtangriff völlig zerstört. Hier die Ecke Kornträgergang/ Kaiser-Wilhelm-Straße

Die Bergungsmannschaften kämpfen vor allem gegen den alles durchdringenden Geruch von Fäulnis, Verwesung und verkohltem Hausrat sowie gegen die Schwärme von Schmeißfliegen, die bereits kurz nach der Katastrophe alles bedecken, „große, grünschillernde, wie man sie nie gesehen hatte“, schreibt Hans Erich Nossack.

Die Straße Kreuzbrook im Stadtteil Hamm liegt in der Hauptschneise des Feuersturms. Die meisten Bewohner ersticken in den Luftschutzkellern, bevor die Flammen sie erreichen oder Trümmer sie bedecken.

Räumtrupps bahnen sich nach dem Angriff vom 25./26. Juli einen Weg durch die Trümmermassen in der Großen Bergstraße in Altona.

Das Kaufhaus Karstadt in Barmbek, ein Eisenbetonbau aus den 1920er Jahren, stand nördlich der Hamburger Straße. Das Gelände gehört heute zum Einkaufszentrum an der Hamburger Straße. Für die Überlebenden des Infernos muss es ein bedrückendes Gefühl gewesen sein, täglich im Anblick von Trümmern und im Bewusstsein, dass sich unter den Trümmerbergen noch immer zahlreiche Tote befinden, ihrer Arbeit nachgehen zu müssen. Wo man auch hinsah, immer wieder dasselbe Bild: Zerstörungen, Schutt und Trümmer.

Die Bergungsarbeiten gehen langsam und mühsam vonstatten, denn es fehlt an Baggern und technischem Gerät. Alle verfügbaren Ressourcen werden an die Front gebracht.

Der barocke Turm der Hauptkirche St. Katharinen ist vor dem Krieg für viele Hamburger das weit bedeutsamere Symbol als jener von St. Michaelis, der heute als markanter gilt. „Nun steht nur noch ein kläglicher Stumpf des Turmes da, verrottet und schwarz angeraucht.“ (Hans Erich Nossack)

Schwer getroffen durch die Juli-Angriffe ist der Nahverkehr, das U- und S-Bahnnetz, wie hier am Nagelsweg in Hammerbrook. Das lähmt das Leben der weitläufigen Hansestadt und trägt dazu bei, dass in der ersten Zeit nach den Angriffen die noch funktionierenden Fabriken unter erheblichem Kräftemangel leiden: Die Angestellten haben schlicht keine Möglichkeit, ihre Arbeitsstellen zu erreichen.

„Weltuntergangsstimmung"

Erst als alles Brennbare vertilgt ist, lässt der Feuersturm nach; das geschieht zwischen sechs und sieben Uhr früh. Mehr als fünf Stunden lang hat er getobt, sein Widerschein war in über 200 Kilometer Entfernung zu sehen. Und einen Tag später gehen im über 60 Kilometer entfernten Lübeck verbrannte Bücher nieder, die der Feuerschlot in die Atmosphäre gerissen hat.

Als die ersten Nachrichten Los Angeles erreichen, schreibt dort Bertolt Brecht in sein Arbeitsjournal: „hamburg geht unter. über ihm steht eine rauchsäule, die doppelt so hoch ist wie der höchste deutsche berg." Und später: „das herz bleibt einem stehen, wenn man von den luftbombardements... liest. da sie nicht mit militärischen operationen verknüpft sind, sieht man kein ende des kriegs, nur ein ende deutschlands."

Die Überlebenden verlassen gegen Mittag ihre Schutzorte. Herbert Brecht, der 15-jährige Junge, wird von einem älteren Mann aus dem Bombentrichter gezogen, dabei löst sich die Haut von seinen verbrannten Händen. Elfriede Sindel erwacht im U-Bahnschacht gegen Mittag aus tiefem Schlaf. Schmutzig, müde und hungrig verlassen sie und ihre Mutter den Tunnel.

Über die Schienen gehen sie Richtung Moorweide, einer Wiese nahe der Innenstadt, wo sie Versorgung erhoffen. Es ist dunkel, die Sonne dringt den ganzen Tag nicht durch den dichten Qualm. Schwerer Brandgeruch liegt über der Stadt und macht das Atmen zur Qual, dazu der unerträgliche süßliche Geruch der Verwesenden. Beiderseits der Bahnstrecke sieht Elfriede Sindel ausgebrannte Ruinen, Leichen, auch Schwerverletzte, die keine Kraft mehr zum Schreien haben.

An den Wänden ausgebrannter Häuser werden knappe Nachrichten für Angehörige und Freunde hinterlassen. Es ist in diesen Tagen das einzige Informationssystem, das noch funktioniert.

Nach der Feuersturmnacht verlassen innerhalb von 48 Stunden rund 900 000 Menschen die zerstörte Hansestadt.

Eine andere Überlebende, Anne-Lies Schmidt, erinnert sich vor allem an die Kinder. Sie „lagen wie gebratene Aale auf dem Pflaster, im Tode noch zeigten die Züge, wie sie gelitten haben. Die Hände vorgestreckt, um sich vor der erbarmungslosen Hitze zu schützen."

In den Trümmern kratzen die Überlebenden mit Kreide oder Kohle Nachrichten an die noch warmen Mauern: wer überlebt hat, wer nicht, wo sich die Geretteten treffen sollen. Andere irren tagelang durch die ausgeglühten Straßen auf der Suche nach Angehörigen.

Gauleiter Karl Kaufmann appelliert an die Überlebenden: „Die Katastrophe, die über unsere Stadt hereingebrochen ist, verlangt von allen die schmerzlichsten Opfer an Gut und Blut. [...] Die Überwindung der Katastrophe erfordert von Euch die Haltung von Soldaten. Unsere erste Fürsorge muß den Verletzten, den Frauen und Kindern gelten. Von den Männern fordere ich Einsicht in die Pflicht auszuharren, zu helfen und das Los der am schwersten Betroffenen zu lindern." In den folgenden 48 Stunden verlassen rund 900 000 Menschen Hamburg, die meisten zu Fuß, aber auch 50 000 auf Elbschiffen. Der Strom schwillt noch einmal an nach dem dritten Nachtangriff, der zwei Tage nach dem Feuersturm weite Teile des Stadtteils Barmbek im Osten Hamburgs vernichtet. Der vierte Angriff in der Nacht vom 2. auf den 3. August, der die wohlhabenden Stadtteile Harvestehude und Rotherbaum sowie die Stadtmitte planieren sollte, bleibt weitgehend in einer Gewitterwolke stecken, die südlich der Elbe den Himmel verdunkelte. So vereitelt ein Zufall der Natur die Vollendung von Harris' großem Plan: die vollständige Vernichtung Hamburgs.

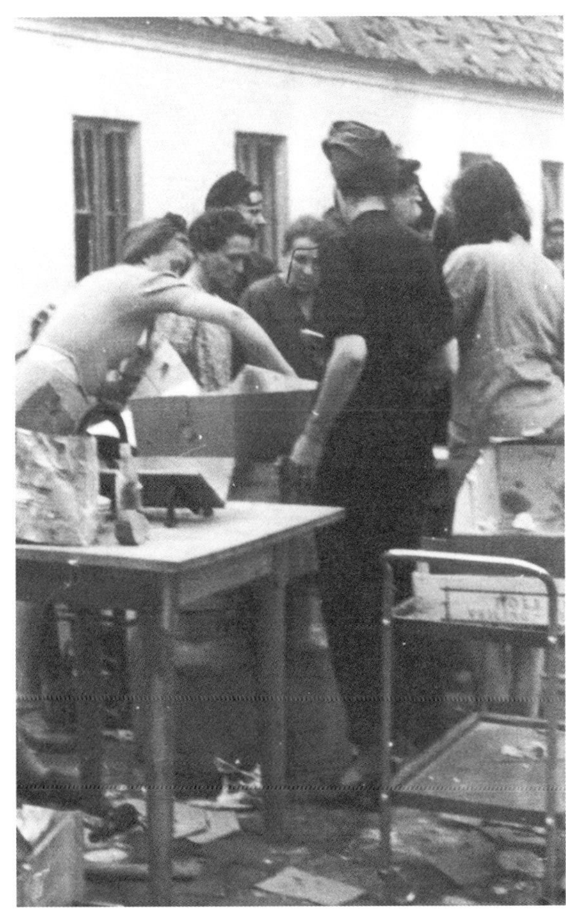

Die Versorgung der Stadt ist nach dem Feuersturm weitgehend zusammengebrochen. An die Hamburger werden Sonderrationen ausgegeben, um die Moral der in der zerstörten Stadt Verbliebenen zu stärken.

Auf der Moorweide, einer Wiese in der Nähe des Dammtorbahnhofs, werden Ausgebombte notdürftig mit Suppe aus Gulaschkanonen verpflegt.

Ein nicht enden wollender Treck erschöpfter Menschen zieht auf den wenigen passierbaren Straßen ins Umland, vor allem Frauen und ihre Kinder, sie stolpern über die Trümmer auf den Straßen, über die Leichen, durch den Gestank. Und sie sind noch nicht in Sicherheit. An den Tagen zwischen den drei großen britischen Nachtangriffen fliegt die 8. amerikanische Luftflotte zwei weitere schwere Attacken gegen Hamburg, doch versuchen die US-Flieger, vor allem den Hafen und Industrieanlagen zu treffen.
Die Bewohner in den Vororten mögen die Fliehenden kaum anschauen. „Noch nie hatte ich so etwas Mitleiderregendes gesehen", erinnert sich Margot Schulz, die in jener Zeit in Bergedorf lebte. „Sie waren in ihrem Nachtzeug, halb verbrannt manchmal, manchmal einen Mantel über die Schultern gelegt. Sie schoben ihre Habe in einem Kinderwagen mit dem Baby noch darin. Man muss sich nur einmal die Hysterie vorstellen, einige Menschen hatten ja schwere Brandwunden und weinten. Es ging tagelang so. Es nahm und nahm kein Ende." Viele geben den Fliehenden Wasser, Brot und Obst – solange die Vorräte reichen.

In der Stadt versuchen NS-Organisationen, Wehrmacht und Stadtverwaltung, die Menschen zu versorgen. Zwei große Vorratsdepots blieben unversehrt, nun werden eine halbe Million Brote und 16 000 Liter Milch, Kaffee, Tee und Bier an die Ausgebombten ausgegeben, auf der Moorweide beim Dammtorbahnhof liegen die Brote in mannshohen Bergen. Die Hamburger erhalten Sonderrationen, 50 Gramm Bohnenkaffee, 10 Zigaretten, 125 Gramm Süßwaren und einen halben Liter Schnaps.

Später wird es heißen, die Verwaltung habe nach der Katastrophe schnell und effizient funktioniert, doch interne Dokumente bele-

Die meisten Überlebenden haben nach dem Feuersturm nur einen Gedanken: Raus aus der Stadt! Auf Handwagen, Pferdefuhrwerken, Wehrmachtslastwagen, Elbschiffen und vor allem zu Fuß verlassen sie die Metropole, und viele gehen davon aus, dass nie wieder ein Leben in Hamburg möglich sein wird.

Die Versorgung mit Trinkwasser war völlig zusammengebrochen. Tankwagen mit Wasser versorgen die Bevölkerung mit dem lebensnotwendigen Lebensmittel.

gen das Gegenteil. Nach der ersten Notversorgung herrscht Kopflosigkeit angesichts der Schäden.

Wasserleitungsnetz und Hauptpumpwerk sind weitgehend zerstört, ebenso die 51 Wasserwagen, die für Notfälle vorgesehen waren. Für mehrere Wochen fällt die Trinkwasserversorgung aus, bis Tankwagen aus dem ganzen Reichsgebiet eintreffen. Die Versorgung mit Gas und Strom liegt brach, Straßen- und U-Bahnen sind zerstört, ungezählte Straßen durch Trümmer blockiert. Im Chaos kommt es zwischen Wehrmacht und NSDAP zu heftigem Streit. Oberst Ernst Ebeling, der Stabschef des Wehrkreises X, wirft den Parteistellen restloses Versagen vor, dem Gauleiter Hilflosigkeit und völlige Inkompetenz. Der Bürgermeister der Hansestadt, Carl Vincent Krogmann, ist verzweifelt: „Große Aufregung. Dienststellen ohne meinen Befehl geschlossen. Die Bevölkerung verlässt fluchtartig die Stadt. Eine geregelte Verwaltung unmöglich, da ein großer Teil der Beamten mit ihren Familien Hamburg verlassen hat."

In den Trümmern bricht die Autorität des Führerstaates vorübergehend zusammen. „Machthaber und Behörden waren wie vom Erdboden verschwunden", schreibt der Schriftsteller Hans Erich Nossack in „Der Untergang", einem der wenigen literarischen Zeugenberichte der Juli-Angriffe. „Damals sprach jeder aus, was er dachte, kein Gefühl war den Menschen ferner als Furcht." Viele empören sich in ohnmächtiger Wut über die britischen „Terror-Angriffe", andere denken: „Wir Deutsche bomben auch", nicht wenige schimpfen auf die eigene Führung, die den Schutz des Volkes nicht mehr garantieren kann. So geht es ein paar Tage lang. Die Polizei ist angehalten, nicht einzuschreiten, die Partei fürchtet den Unmut der

Unter Aufsicht eines NS-Funktionärs (mit Armbinde) erhalten Bedürftige erste Wurstrationen.

Fast eine Million Hamburger verlieren durch die Bombenangriffe ihr Zuhause. In den Tagen nach dem Inferno haben Bedürftige unter der Brücke der Helgoländer Allee in St. Pauli ein behelfsmäßiges Lager gefunden.

Bürger. Dann fahren SS-Korps auf offenen Lastwagen durch die Stadt, und die Gespräche ersterben.

Doch die Flüchtlinge tragen die Kunde von dem Feuersturm ins gesamte Reichsgebiet; die eine Million Ausgebombten werden bis nach Graz und bis nach Ostpreußen auf Bauernhöfe und Notunterkünfte verteilt, und für ein paar Wochen verliert die NS-Führung ihr Monopol auf die Nachrichten. Die Katastrophe von Hamburg reiht sich ein in die Niederlagen des Wendejahres 1943: Vernichtung der Stalingrad-Armee Anfang Februar, Kapitulation der deutsch-italienischen Heeresgruppe in Afrika im Mai, Landung der Alliierten in Sizilien am 10. und Sturz des Verbündeten Mussolini am 25. Juli – nicht wenige deuten die Zerstörung Hamburgs als Fanal des kommenden Untergangs. Das Wort von der „Novemberstimmung“ macht die Runde in Anspielung auf die Revolution des Jahres 1918.

Auch in Berlin sitzt der Schock tief. Reichsrüstungsminister Speer sagt zu Hitler, „noch sechs solcher Angriffe“ wie in Hamburg, und der Krieg sei zu Ende. Feldmarschall Erhard Milch, der Generalinspekteur der Luftwaffe, verliert die Nerven: „Wir haben den Krieg verloren! Endgültig verloren!“ Und Propagandaminister Joseph Goebbels, zugleich Gauleiter von Berlin, gibt nach dem dritten Großangriff auf Hamburg voller Panik den Befehl, alle Frauen und Kinder aus der Hauptstadt zu evakuieren – der aber bald wieder zurückgenommen wird.

Geradezu obsessiv registriert Goebbels in seinem Tagebuch die Stimmung des Volkes: Er schreibt von Angst, Hilflosigkeit und Wehrlosigkeit gegenüber den Angriffen, von der „Weltuntergangsstimmung“ nach dem Feuersturm; es mache sich „Kriegsdefätismus“ breit, weil das Volk nicht wisse, wie heftig der Bombenkrieg weitergehe. Zudem fürchtet der Propagandist, dass der Unmut der „entnervten Bevölkerung“ auf die Front übergreifen und für schlechte Stimmung bei den Soldaten sorgen könne.

In London sehen viele die Lage ähnlich dramatisch. Luft-Vizemarschall Donald Bennett glaubt, die Gestapo habe „die ganze Gewalt über die Bevölkerung verloren“, alles müsse „zusammengebrochen sein“. Er drängt Churchills Stab, „auf der Basis von Hamburg eine Kapitulation zu erzwingen“ – und dringt nicht durch. Viele britische Experten glauben, die Moral der Deutschen müsse nach den Angriffen restlos zerrüttet sein. Stimmt das? Die Nazipropaganda verbreitet die Legende von den ungebrochenen Deutschen, deren Moral wankt, aber nicht fällt.

Viel rascher, als die Mehrzahl erwartet hat, beginnt sich das öffentliche Leben zu normalisieren. Kaum drei Wochen nach der Katastrophe fahren wieder die ersten Züge im Bahnhof Sternschanze (Foto) ein, wenige Tage später läuft im Ufa-Palast der erste Film an (Foto rechts).

Dieser Mythos wird in der Nachkriegszeit weitergesponnen. Aber so ist es nicht gewesen.

Es herrschen „dumpfe Bedrücktheit, bittere Zweifel“, beobachtet ein Hamburger Pfarrer. Die Ausgebombten bewegen sich mechanisch, sie sind gleichgültig, innerlich erstarrt. Der Mediziner Friedrich Panse sieht „die stumpfe Apathie, die müde Teilnahmslosigkeit, geradezu Traumverlorenheit“ der Menschen. Sie „stehen mit leeren Gesichtern da, starren untätig in die Trümmer oder räumen ohne Plan etwas beiseite“.

Den Menschen fehlt sogar die Kraft zum Irrewerden. Die Zahl von psychisch Kranken steigt nach den Bombenangriffen nicht. Die Realität der Trümmer und der Not ist so mächtig, dass sie nicht einmal die Flucht in den Wahnsinn erlaubt.

Es gibt Ausnahmen: Eine Frau, die wochenlang in einem Koffer die geschrumpfte Leiche ihres Kindes herumträgt. Einen Mann, der mit blutenden nackten Füßen durch die Glas- und Granatsplitter der Straßen wandert, immer wieder den Namen seiner verbrannten Frau ausstoßend. Aber auch das wird beobachtet: Menschen lachen vor den Trümmern ihrer Häuser, sie feiern – überwältigt von der plötzlichen Einsicht, dass sie noch leben.

Die Arbeitsmoral bricht nach der Katastrophe zusammen. Auf der weitgehend unzerstörten Werft Blohm & Voss sind vor dem Angriff 9 400 Menschen beschäftigt, danach melden sich noch 300 zur Schicht, obwohl nur die wenigsten von ihnen umgekommen sind. Aber kaum jemand vermag noch an die Arbeit zu denken. Jeder bringt sich und seine Angehörigen in Sicherheit.
Trotz ausdrücklichen Verbotes setzen sich auch Einsatzleiter und führende Beamte ab, auf der Post treten 1 200 von 3 000 Beamten zum Dienst an, beim Haupternährungsamt 900 von 2 500.

Otto Sander begleitet seine Frau ins pommersche Stolp, wo sie bei Verwandten unterkommt. Erst einige Tage nach dem Feuersturm meldet er sich wieder bei seiner Einheit. Ein Vorgesetzter droht ihm wegen Fahnenflucht mit Kriegsgericht, doch nichts geschieht. Die Katastrophe raubt dem Nazi-Staat – vorübergehend – die Druckmittel. Noch drei Wochen nach den Luftangriffen fehlen in den Hamburger Großbetrieben 30 Prozent der männlichen und weit mehr der weiblichen Angestellten. Zwar sind die Maschinen kaum zerstört, aber es gibt keine Menschen, sie zu bedienen.

Als wirksamste Methode, die Disziplin wiederherzustellen, verteilen die Betriebsleiter gestaffelte Lohnzuschläge: Wer in der Woche nach dem Angriff wieder am Arbeitsplatz erscheint, erhält bis zu sechs Reichsmark pro Tag zusätzlich, nach zwei Wochen sind es nur vier, nach drei Wochen zwei Mark. Wer arbeitet, kommt meistens spät und geht früh, weil sich die Anfahrtszeiten drastisch verlängert haben und viele nur auf „Gamspfaden“ durch die Trümmer gehen können, aber auch, weil alle damit beschäftigt sind, sich nebenbei ein Leben zu organisieren, zu tauschen, Unterkünfte zu beschaffen, Verwandte und Freunde zu suchen. Die Unpünktlichkeit lässt sich am wirksamsten bekämpfen, finden die Werksleiter rasch heraus, indem die Überstundenzulage gestrichen wird, immerhin 150 g Fleisch und 80 g Fett pro Woche.

Mit Gewalt gehen die Behörden gegen Plünderer vor, von denen es aber nicht viele gibt. Bis Dezember werden 31 Verfahren eröffnet, 15 Plünderer werden hingerichtet.

Plünderern werden drastische Konsequenzen angedroht. Bis Dezember 1943 werden 31 Verfahren eröffnet und 15 Diebe hingerichtet.

Blick von der Hamburger Innenstadt Richtung Elbe und Hafen nach den verheerenden Luftangriffen vom Juli und August 1943. Gespenstisch wirken die betroffenen Gebiete der Hansestadt. Sie gleichen einer apokalyptischen Landschaft. Aus der Trümmerwüste ragen nur noch leere Häuserskelette hervor.

Das Leben kehrt zurück

Wer in den Wochen nach dem Feuersturm durch Hamburg geht, muss zu dem Schluss kommen: Die britische Bomberflotte hat ihr Ziel erreicht. Die zweitgrößte deutsche Metropole ist in weiten Teilen – in Hamm, Hammerbrook, Borgfelde, Rothenburgsort, St. Georg, Eilbek und Barmbek – unbewohnbar, mehr als die Hälfte der Einwohner ist auf der Flucht, die Produktion stranguliert, die Moral zerschlagen.

Und doch: Die letzte britische Hoffnung erfüllt sich nicht. Der Aufstand gegen das NS-Regime bleibt aus, die verzweifelte Stimmung schlägt nicht in Auflehnung um. Wer ausgebombt ist, sucht nicht Revolte, sondern eine heiße Suppe. Demoralisiert machen die Hamburger weiter, so gut es eben geht.

Und allmählich kehrt tatsächlich Leben in die Stadt zurück. Nicht viele hatten unmittelbar nach den Angriffen noch geglaubt, dass die Metropole wieder bewohnt werden würde. Doch am 11. August, zwei Wochen nach der Katastrophe, stellen Briefträger wieder die Post zu, am 15. August laufen die ersten Züge am Hauptbahnhof ein, am 18. werden Typhus-Impfungen verfügt, die aber nicht benötigt werden, denn es kommt nicht zu Epidemien. Am 20. August zeigt der Ufa-Palast den Film „Geliebter Schatz“ mit Sonja Ziemann.

Experten befürchteten, die Beseitigung der Trümmermasse würde Jahrzehnte dauern. Aber Tausende von Helfern und schweres Gerät sowie der Einsatz von Elefanten aus Hagenbecks Tierpark, die verbogene Eisenträger aus dem Schutt heben, schaffen es, die meisten Trümmer bis 1953 zu beseitigen.

Und spät im Oktober beginnen jene Bäume und Sträucher, die im Feuer verdorrt waren, erneut zu blühen. Vielen Menschen ist es wie ein Zeichen.

Mit den Bergungsarbeiten lassen sich die Behörden Zeit. Es gibt in der Feuersturmzone niemanden, den man noch retten könnte. Und bei den verkohlten Leichen besteht kaum Verwesungsgefahr. Manche Keller sind auch nach zwei Wochen noch so heiß, dass sie zu brennen beginnen, wenn die Helfer die Türen aufstemmen und Sauerstoff einströmt. Erst Anfang Oktober erlöschen die letzten Brandherde. Weite Teile des Hamburger Ostens werden als Sperrgebiete mit Mauern aus Trümmersteinen abgeriegelt, einige Straßenzüge bleiben bis weit nach Kriegsende verschlossen.

Als Hamburgs ehemaliger Oberbaudirektor Fritz Schumacher durch die Trümmerviertel geht, denkt er an ein Gedicht: „in den öden Fensterhöhlen/ wohnt das Grauen,/ und des Himmels Wolken schauen hoch hinein“. Doch „in der Wirklichkeit fehlt alles ‚Malerische‘ der Ruine“, notiert er, „der Kontrast des Himmels, der gefühllos auf das Werk hinunterschaut, das aus seinen Wolken heraus angerichtet ist, macht die Fensterhöhlen nur noch grausiger“.

Die „Leichentransporttrupps und das Leichentransportwesen sind weitgehend zerschlagen“, heißt es in einem Polizeibericht, also bergen Soldaten, Zwangsarbeiter, Häftlinge des KZ Neuengamme und Mitglieder der 2. SS-Baubrigade die Opfer. Elefanten aus Hagenbecks Tierpark heben verbogene Eisenträger aus dem Schutt.

Weite Teile des Hamburger Ostens werden mit Mauern aus Trümmerschutt als Sperrgebiete abgeriegelt, einige Straßenzüge bleiben bis weit nach Kriegsende verschlossen.

Die „Leichentransporttrupps und das Leichentransportwesen sind weitgehend zerschlagen“, heißt es in einem Polizeibericht, also bergen Soldaten, Zwangsarbeiter, Häftlinge des KZ Neuengamme und Mitglieder der 2. SS-Baubrigade die Opfer.

Nur wenige Leichenräumer tragen „Entgiftungsanzüge“ aus Gummi sowie Gasmasken, deren Filter durch Rum- oder Cognac-getränkte Wattebäusche ersetzt werden. Es ist eine grauenhafte Arbeit in Hitze, Gestank und Schwärmen von Schmeißfliegen, die innerhalb weniger Tage die Trümmer bevölkern. Immer wieder stürzen ausgebrannte Häuser ein, detonieren Blindgänger. Besonderen Gefahren sind die Häftlinge des Konzentrationslagers Neuengammme ausgesetzt, die zum Aufräumen abkommandiert werden. „Wenn ein Häftling eine Packung Streichhölzer oder ein Stück Käse aufhob und das herauskam“, erinnert sich der ehemalige Gefangene Alexej Antonomwitsch Kutko, „dann wurde er auf dem Appellplatz erhängt. Das ganze Lager wurde in Reih und Glied aufgestellt. Der Galgen wurde errichtet – und man erhängte ihn.“

Wie viele Menschen im Feuersturm umgekommen sind, finden auch die Bergungsmannschaften nicht mit letzter Sicherheit heraus. Bis zum 30. November werden 31 647 Tote geborgen, davon 50 Prozent Frauen, 38 Prozent Männer und 12 Prozent Kinder. Aber noch Jahre nach dem Krieg findet man unter den Trümmern ungezählte Leichenteile. Nur die Hälfte der Opfer kann identifiziert werden, zuweilen an Eheringen oder Uhren, die in Aschehäuflein liegen. Was von den Toten geblieben ist, wird in Massengräbern auf dem Friedhof Ohlsdorf oder anderswo bestattet. Um den Gestank zu überdecken, entzündet man Wacholdersträucher neben den Leichengruben.

Hamm und Hammerbrook existieren nicht mehr. In Hammerbrook haben vor dem Angriff 44 756 Menschen gelebt, danach sind es noch 66; die meisten Bewohner haben sich wahrscheinlich retten können, doch Tausende sind allein in diesem 56 Hektar großen Viertel gestorben. Ähnlich sieht es in Borgfelde, Billwärder Ausschlag und Rothenburgsort aus. Die Bomben aller drei Nachtangriffe der „Schlacht um Hamburg“

Der Hamburger Kampfkommandant Alwin Wolz übergibt den Briten am 3. Mai 1945 um 18.25 Uhr vor dem Rathaus die Stadt. Von links nach rechts: Bürgermeister a. D. Dr. Wilhelm Burchard-Motz, Major i. G. Andrae (mit den Händen auf dem Rücken), Wolz (salutierend), Hauptmann Link, Brigadegeneral John M. K. Spurling (mit weißem Koppel), Captain Mitchell, Lieutenant Levinson (mit Kartenmappe).

haben rund 250 000 Wohnungen zerstört, mehr als die Hälfte des gesamten Bestandes. 900 000 Einwohner sind obdachlos geworden.

Der Chef des Bomber Command, Arthur Harris, schreibt Jahre später in seinen Memoiren: Trotz allem, was in Hamburg passiert sei, erwies sich das Bomben „als vergleichsweise humane Methode“ der Kriegsführung. Sie habe verhindert, dass die „Blüte der englischen Jugend“ in den Schützengräben niedergemäht wurde – so wie im Ersten Weltkrieg.

Hamburg wird zum Vorbild für die weiteren Angriffe des Bomber Command, das ist vielleicht die verhängnisvollste Folge des 28. Juli. Auch in anderen Städten versuchen die Strategen fortan, den Feuersturm zu entfachen. Bis in die letzten Kriegstage bemühen sie sich, die Munitionsmischungen und Abwurftechniken zu optimieren.

Vor allem die Reichshauptstadt wollen sie entzünden, aber „Berlin brennt schlecht“, wie ein Bombenstratege enttäuscht feststellt: die lockere Bebauung und das Fehlen eines mittelalterlichen Stadtkerns vereiteln einen Feuersturm.

Anderswo ist die R. A. F. erfolgreich, etwa in Kassel, Darmstadt, Pforzheim, Würzburg, Heilbronn, Koblenz, Krefeld, Braunschweig. Doch nirgendwo erreicht das Feuer eine Dimension wie in Hamburg, nicht einmal in Dresden. Nur in Tokio, wo die US-Luftwaffe am 9. März 1945 einen Feuersturm schürt und mehr als 90 000 Menschen sterben.

Die Brandwaffe erreicht zuweilen eine höhere Vernichtungsdichte als die Atombombe. In Nagasaki stirbt jeder siebte Einwohner, beim Feuersturm in Pforzheim am 22. Februar 1945 kommt in 22 Minuten jeder dritte Bewohner um.

„Dein Wille geschehe"

In Hamburg reißen die Herbststürme weitere Mauern in den Trümmerfeldern ein. Nach fünf Monaten erreicht die Produktionskapazität der Hansestadt wieder 80 Prozent des Vor-Juli-Niveaus. Und bis in den späten Oktober hinein blühen Pflanzen in den verbrannten Gebieten.

Die Alliierten fliegen noch 68 weitere Angriffe auf die Stadt, während des gesamten Krieges sterben in Hamburg rund 55 000 Einwohner unter 45 000 Tonnen Bomben.

Im April 1945 stehen britische Bodentruppen vor Hamburg. Gauleiter Kaufmann widersetzt sich dem Befehl Hitlers, die Stadt bis zum letzten Mann zu verteidigen, und übergibt sie kampflos. Es heißt, die Feuersturm-Nacht hätte ihn vom NS-Regime entfremdet.

Als Otto Sander 60 Jahre später von dem Feuersturm erzählt, bricht er in Tränen aus. Elfriede Sindel betet bei einem Pfingstgottesdienst im Jahr 2002 das Vaterunser. Bei den Worten „Dein Wille geschehe“, jenen Worten, die sie immer wieder im Bunker murmelte, hätte sie „aufschreien mögen, so gewaltig stand das grausame Erleben, das damit verbunden ist“, wieder vor ihr. Frank Wolfson meint, die Deutschen sollten in allen bombardierten Städten Denkmäler für Arthur Harris aufstellen, schließlich habe der sie „von den Nazis befreit“.

Hammerbrook wird nie wieder zum Wohnviertel. Heute stehen dort verglaste Bürobauten. Das Gebiet heißt jetzt City Süd.

Die britischen Besatzungsbehörden registrierten in Luftaufnahmen die Kriegsschäden in Hamburg. Hier ein Blick Richtung Norden über den zerstörten Hafen und die Werftanlagen über die Elbe zur Innenstadt, aufgenommen am 5. Juni 1945.

Das Leben geht weiter – dieser Satz fällt oft in den Tagen der Zerstörung. Und kaum einer ist so zutreffend. Auch für dieses Paar auf seinem Weg durch die Trümmerlandschaft.

Malte Thießen

Bomben im Gedächtnis der Stadt. Erinnern an „Operation Gomorrha" von 1943 bis heute

Bis Mitte Juli 1943 zählte die Hamburger Feuerwehr 137 Bombenangriffe auf die Hansestadt. Zu dieser Zeit war der nächtliche Gang in den Luftschutzkeller für viele Hamburger längst Routine geworden. Aber Ende Juli 1943 änderte sich alles. Die Zerstörungskraft der „Operation Gomorrha" war der absolute Ausnahmezustand. Zeitgenossen versuchten, das Unvorstellbare in Worte zu fassen. In Barmbek brachte Pastor Ernst Bauer sein Entsetzen in einem Satz zu Papier: „Wer hätte [sich] eine so rasende Katastrophe auch nur ausdenken können?"[1] Als „Katastrophe", als „Inferno" oder als „Untergang" wanderte der „Feuersturm" ins Alltagsgespräch und umgehend durchs gesamte Deutsche Reich. Mehr als 900 000 Flüchtlinge trugen die Nachricht von Hamburgs Zerstörung bis nach Österreich und Ostpreußen. In Berlin rang der sichtlich erschütterte Hamburger Gauleiter Karl Kaufmann um Fassung, als er Adolf Hitler von den Bombennächten berichtete. Nach Kaufmanns Audienz beim „Führer" notierte Propagandachef Joseph Goebbels besorgt in sein Tagebuch: „Der Luftkrieg ist das Damoklesschwert, das über unseren Häuptern hängt."[2]

Die „Operation Gomorrha" wirft ihre Schatten bis in unsere Gegenwart. Bombenkriege sind ja nach wie vor nicht von gestern. Zurzeit brennt sich der russische Angriffskrieg auf die Ukraine mit Bildern bombardierter Städte in unser Gedächtnis ein. Das Leid der Zivilbevölkerung, das Sterben von Müttern und Kindern, Alten und Kranken im russischen Bomben- und Raketenhagel illustriert aufs Schrecklichste jene „Zeitenwende", von der Bundeskanzler Olaf Scholz am 27. Februar 2022 in seiner Regierungserklärung sprach: „Die schrecklichen Bilder aus Kiew, Charkiw, Odessa und Mariupol zeigen die ganze Skrupellosigkeit Putins."

Neun Jahre zuvor hatte Olaf Scholz, damals noch als Hamburger Bürgermeister, auf die Bombardierungen der Hansestadt von 1943 zurückgeblickt. Seine Ansprache zum 70. Jahrestag der „Operation Gomorrha" 2013 setzt Bezüge zwischen 1943 und späteren Bombenkriegen, die gerade heute in einer ebenso visionären wie bitteren Botschaft münden: „Frieden ist kein garantierter ‚Normalzustand', auch nicht in Europa".

Die Bomben als Lackmustest der Erinnerungskultur

Schon diese Deutungsversuche, die unterschiedlichen Erklärungen und Verklärungen der Bombenangriffe machen eines deutlich: Es gab keine Verdrängung. Der Bombenkrieg wurde nicht vergessen oder tabuisiert, im Gegenteil. Die Zerstörungen waren viel zu schwerwiegend, die Opferzahlen viel zu hoch und die Zäsur viel zu tief, als dass man das Ereignis hätte verschweigen können. Die Geschichte der „Operation Gomorrha" ist daher auch die Geschichte einer Stadt und ihrer Versuche, mit dem Unfassbaren fertig zu werden.

Von den Bombennächten bis heute zieht sich eine Geschichte des Gedenkens, mit unterschiedlichen Kapiteln und Konjunkturen der Erinnerung. Es ist eine Geschichte mit hoher Aktualität. Denn die Erinnerung an die Bomben befriedigten und befriedigen stets gegenwärtige Bedürfnisse. Insofern zogen die Hamburger von 1943 bis heute ganz unterschiedliche Lehren. Erinnerungen dienten als Appell an den Durchhaltewillen der Volksgenossen, als Plädoyer für den Wiederaufbau oder als Mahnung für den Frieden. Erst seit den 1990er Jahren wurden Erinnerungen differenzierter. Nun spielten auch die Vorgeschichte vor 1943 und die Verbrechen

Nach der „Operation Gomorrha“ blieben die Verwüstungen Alltag: Zerstörungen nach einem der letzten Luftangriffe auf Hamburg am 20. März 1945.

der Deutschen eine Rolle. Seither reifte bei vielen Hamburgern die Erkenntnis, dass die Bomben nicht so einfach vom Himmel gefallen waren.

Es war also ein langer Weg zu einer städtischen Erinnerung, die beides im Gedächtnis behielt: 1943 *und* 1933; die Bomben *und* ihre Vorgeschichte; die Verwüstung der Stadt *und* die Verbrechen der Deutschen; die Deutschen als Opfer *und* die Opfer der Deutschen; die Katastrophe *und* das KZ – in Neuengamme, vor den Toren Hamburgs, aber eben auch im Herzen der Stadt, mit zahlreichen Außenlagern und Arbeitskommandos; den grausamen Feuersturm *und* den noch grausameren Holocaust, die Deportation von Nachbarn vor aller Augen und ihre Ermordung.

Obwohl in Hamburg die Bereitschaft zu einer differenzierten Erinnerung im Laufe der Jahrzehnte stieg, bleibt die Erinnerungsgeschichte kompliziert. Noch im 21. Jahrhundert stilisierten mitunter selbst Bürgermeister den Feuersturm zu einem „Inferno“, das alle anderen „Verbrechen“ überstrahlt habe. Und nach wie vor wandern Rechtsextreme auf „Trauermärschen“ durch die Hansestadt und mahnen an einen „Bombenholocaust“. Auch darum wird es im Folgenden gehen: um die Wege und Irrwege des Erinnerns, von 1943 bis heute. Am Umgang mit dem Untergang können wir ablesen, wie sich die Hamburger zu ihrer Geschichte stellen. Und welche Lehren sie aus diesen Ereignissen ziehen.

Die Geburt der Erinnerung aus der Katastrophe

Die „Operation Gomorrha“ war eine Zäsur – für die Betroffenen ebenso wie für Stadtverwaltung und Partei. Kein Ereignis der Stadtgeschichte ist daher so intensiv doku-

Ruinenromantik auf Leinwand: Werner Antons „Arbeiten vom zerstörten Hamburg“.

mentiert, gedacht und gedeutet worden. Fotografen wanderten im Parteiauftrag durch rauchende Trümmer und hielten düstere Ruinenlandschaften fest. Maler wie Werner Anton brachten die Zerstörungen stimmungsvoll auf die Leinwand. In den Kirchen kursierten Gemeindebriefe mit grausamen Schilderungen der Bombennächte. Erlebnisberichte aus der Verwaltung und von NS-Parteiorganisationen wiederum schrieben bevorzugt von den Herausforderungen des Luftkriegs als Heldentaten.

Besonders intensiv erinnerten Hamburgs Zeitungen an den Untergang. In zahlreichen Rückblicken verklärten sie den Feuersturm zur Bewährungsprobe und zu einem „Schmiedefeuer", das die Volksgemeinschaft umso fester zusammengeschweißt habe. Solche Verklärungen spotteten zwar der Realität. 1943 markierte keineswegs jene „zweite Machtergreifung", wie immer wieder gemutmaßt wird. Gomorrha bedeutete vielmehr „die Erosion der Volksgemeinschaft" und den tiefen Fall in die „Resignation".[3] Eine Verklärung und Verkitschung der Operation Gomorrha nutzte allerdings der NSDAP, die sich als Retterin in der Not inszenierte. Erinnerungen an das Schmiedefeuer sollten der Panik Paroli bieten, die sich unter Hamburgern breitmachte.

Hamburgs Gauleiter Karl Kaufmann spielte bei diesen Inszenierungen eine Hauptrolle. In Veranstaltungen, Rundschreiben und Zeitungsartikeln erinnerte er an den Zusammenhalt in den Bombennächten als Vermächtnis für den Wiederaufbau. Tausende Hamburger strömten im November 1943 auf den „Adolf-Hitler-Platz", dem heutigen Rathausmarkt, um Kaufmanns Gedenkrede „für die Opfer der Terrorangriffe"[4] beizuwohnen. Die

Großspuriges Sicherheitsversprechen: Propagandaplakat der NSDAP von 1942/43.

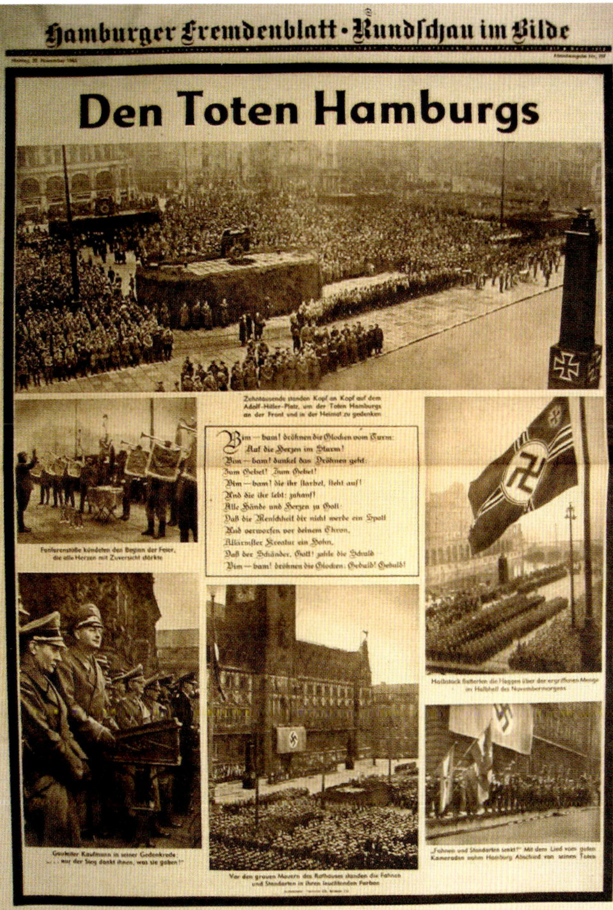

Hamburger Fremdenblatt · Rundschau im Bilde

Den Toten Hamburgs

Zehntausende standen Kopf an Kopf auf dem Adolf-Hitler-Platz, um der Toten Hamburgs an der Front und in der Heimat zu gedenken

Bim — bam! dröhnen die Glocken vom Turm:
Auf die Herzen im Sturm!
Bim — bam! dunkel das Dröhnen geht:
Zum Gebet! Zum Gebet!
Bim — bam! die ihr starbet, steht auf!
Und die ihr lebt: zuhauf!
Alle Hände und Herzen zu Gott:
Daß die Menschheit dir nicht werde ein Spott
Und verworfen vor deinem Thron,
Allärmster Kreatur ein Hohn,
Daß der Schänder, Gott! zahle die Schuld
Bim — bam! dröhnen die Glocken: Geduld! Geduld!

Fanfarenstöße kündeten den Beginn der Feier, die alle Herzen mit Zuversicht stärkte

Halbstock flatterten die Flaggen über der ergriffenen Menge im Halbhell des Novembermorgens

Gauleiter Kaufmann in seiner Gedenkrede: „... nur der Sieg dankt ihnen, was sie gaben!"

Vor den grauen Mauern des Rathauses standen die Fahnen und Standarten in ihren leuchtenden Farben

„Fahnen und Standarten senkt!" Mit dem Lied vom guten Kameraden nahm Hamburg Abschied von seinen Toten

Frühe Ritualisierung des Bombentods: Gedenken an die Opfer der „Terrorangriffe" im November 1943.

Gedenkfeier war die letzte große Machtdemonstration der NSDAP in der Hansestadt und ein aufwendig inszenierter Versuch, „dem Opfertode seinen Sinn zu erhalten“,[5] wie das Hamburger Fremdenblatt schrieb. Kaufmann brachte mit seiner Gedenkrede auf den Punkt, was bereits in den vergangenen Wochen und Monaten wiederholt zu hören und zu lesen gewesen war. In den Feuersbrünsten sei der Zusammenhalt der Volksgemeinschaft hell sichtbar geworden, die Zerstörungen seien ein Vermächtnis für den umso schöneren Wiederaufbau und ein Appell, im Kampf für den „Endsieg“ nicht nachzulassen.

Selbst die Toten dienten noch den Durchhalteparolen. Am Massengrab für mehr als 16 000 Bombentote auf dem Ohlsdorfer Friedhof kündeten seit Oktober 1943 monumentale Eichenschilder vom Untergang zerstörter Stadtteile. Der Bombentod sollte im Stadtgedächtnis nicht als persönliches Leid, sondern als Vermächtnis der Volksgemeinschaft aufgehen.

Von diesem Kult um die Toten hielten viele Hinterbliebene wenig. Davon zeugen unzählige Holzkreuze, Fotos, Briefe und Bilder am Rande der Grabstätte. Bis heute stehen am Ohlsdorfer Massengrab persönliche Erinnerungszeichen für gestorbene Kinder, Eltern und Großeltern. Sie sind ein Versuch, der privaten Trauer am anonymen Massengrab einen Ort zu geben.

Auch die Kirchen waren für die Trauerarbeit nur bedingt eine Hilfe. Denn die Kultivierung der Katastrophe ging in Gottesdiensten und Gemeindebriefen in ganz ähnlichen Mustern weiter. Hamburgs Landesbischof Franz Tügel verwarf in seinem ersten Aufruf nach den Angriffen eine intensive Beschäfti-

Private Erinnerungszeichen am Rande des Massengrabs der Bombenopfer während der 1950er Jahre.

gung mit den Toten und mahnte stattdessen einen optimistischen Blick in die Zukunft an: „Wer seine Hand an den Pflug leget und siehet zurück, der ist nicht geschickt zum Reich Gottes." In Barmbek zog Pastor Bauer während eines Gottesdienstes für seine Gemeinde aus dem Korinther-Brief ein geradezu trotziges Bekenntnis zum Durchhalten: „Tod, wo ist Dein Stachel? Hölle, wo ist Dein Sieg?"[6]

Die Katastrophe als Vermächtnis des Wiederaufbaus

Eine Stunde Null gab es nicht, auch nicht in der Erinnerung. Bis in die 1960er Jahre klangen frühe Formeln von der Schicksalsgemeinschaft und vom Vermächtnis für den Wiederaufbau nach. Solche Kontinuitäten sind ja auch wenig überraschend. Schließlich änderte sich an der Notlage nach Kriegsende wenig. Zwar fielen nun keine Männer mehr an Europas Fronten und keine Bomben mehr auf deutsche Städte. Die Wohnungsnot und der Hunger verschärften sich seit 1945 allerdings noch. Mit Kriegsende strömten nicht nur die Ausgebombten zurück in ihre Heimatstadt. Darüber hinaus suchten Millionen an Flüchtlingen und Vertriebenen in Norddeutschland ein neues Zuhause.

Erinnerungen an die Zerstörungen waren nun ebenso wichtig wie Ärmel hochkrempeln und nach vorne schauen. Es brauchte gute Geschichten, mit denen sich in der jungen Demokratie Staat machen sowie eine Stadt und ein Land aufbauen ließ. Wiederaufbau war insofern eine zweifache Verheißung, sowohl für den baulichen Aufbau als auch für eine mentale Wiederaufrichtung. Vor diesem Hintergrund verkümmerten Erinnerungen an den Bombenkrieg seit den 1950er Jahren mitunter zur Leistungs-Show. Insbesondere nach den ersten Erfolgen der Aufbaujahre konnte an die Trümmer kaum düster genug erinnert werden. Nun dienten die Verwüstungen nämlich als Kontrastfolie zu den Leistungen des Wiederaufbaus, der der Gegenwart ein umso besseres Zeugnis ausstellte. In öffentlichen Ansprachen, Berichten und Bildbänden war immer wieder die Rede von hunderttausenden Kubikmetern Schutt und Asche, von trostlosen Trümmerfeldern und verwüsteten Vierteln, die allmählich in ein „Neues Hamburg" verwandelt wurden. Unter diesem Namen präsentierte eine Zeitschrift des Senats seit den späten 1940er Jahren nicht ohne Stolz die Aufbauleistung der Gegenwart, die dank düsterer Rückblicke auf die Bombennächte umso besser zur Geltung kam.

Der Bombenkrieg als Kontrastfolie für die Leistungen des Wiederaufbaus: Beitrag des Hamburger Echo 1953.

Hamburg, am 25. Juli 1943 ...

Hamburg, am 25. Juli 1953 ...

Zum zehnten Jahrestag der „Operation Gomorrha" publizierte die damalige SPD-Zeitung Hamburger Echo ein Bildmotiv, das mittlerweile als Ikone der Nachkriegszeit gilt. Bis heute finden wir solche Fotografien in unzähligen Varianten auf Postkarten, Broschüren und Bildbänden: das „damals-heute"-Motiv als Gegenüberstellung von Bildern der Zerstörungen mit denen des anschließenden Wiederaufbaus.

Betrachten konnten die Leser des „Hamburger Echos" zum zehnten Jahrestag zwei Aufnahmen der Mönckebergstraße, eine von 1943 und eine von 1953. Die Zeitung erinnerte in der Bildunterschrift an die „Todesverachtung" und den „stillen Heldenmut" der „Lebenden, [...] die in den schwersten Zeiten so tapfer und treu zu ihrer Vaterstadt gestanden haben".[7]

Die Popularität solcher Erinnerungen sorgt heute für Erstaunen: Wie lassen sich solche Glorifizierungen des Wiederaufbaus und eines Heldenmuts von 1943 erklären? Der Nutzen solcher Gründungsmythen liegt auf der Hand. Denn die Verwandlung des Untergangs in einen Aufbauanfang konturierte ein ungemein positives Selbstbild der Stadt. Zunächst einmal konnte sich die Stadt als Heldin feiern, die quasi aus dem Nichts ein neues Hamburg erschaffen habe. Zugleich reduzierten solche Erinnerungen die Geschichte des Nationalsozialismus auf eine dunkle Trümmerzeit, die im Aufbau bewältigt worden sei. Das Verschwinden der Ruinen war somit eine hanseatische Variante der Vergangenheitsbewältigung.

Als Innensenator Helmut Schmidt im März 1965 von Hamburgern gefragt wurde, wie die Stadt an den nahenden 20. Jahrestag des Kriegsendes erinnern wolle, war Schmidts Antwort eindeutig. Schon angesichts der zeitgleich geplanten „Befreiungsfeiern" in der DDR denke Hamburg keineswegs daran, „den Tag der Kapitulation in Hamburg feierlich zu begehen". Vielmehr habe der Senat beschlossen, „die Aufbauleistungen der Hamburger Bevölkerung nach dem Kriege in einer Feierstunde [...] zu würdigen".[8]

Mit dieser feinen Unterscheidung zwischen Kriegsende und Aufbauanfang gelang dem Senat ein bemerkenswerter Kunstgriff. Zum 20. Jahrestag des Kriegsendes erinnerte Hamburg mit keinem Wort an die Verbrechen des „Dritten Reichs", sondern allein an den Bombenkrieg und an „die Aufbauleistung" nach der „Stunde Null", wie Hamburgs Pressestelle vor der Veranstaltung festhielt.[9] In einem Rundschreiben, das im Mai 1965 an mehr als 750 000 Haushalte in Hamburg und Umgebung versandt wurde, brachte Bürgermeister Paul Nevermann das Erinnerungsmotiv der Kontrastfolie treffend auf den Punkt: „Aber Hamburg ließ sich nicht entmutigen – alle fassten zu und bauten auf. [...] Hamburg ist schöner als zuvor aus den Ruinen entstanden."[10]

Nevermanns Erinnerungen sind umso bemerkenswerter, wenn wir uns die Biografie des Bürgermeisters vor Augen halten. Seit 1933 hatte er als Rechtsanwalt sozialdemokratische und kommunistische Verfolgte verteidigt und war daraufhin selbst ins Visier der Gestapo geraten sowie 1944 in einem Konzentrationslager inhaftiert. Nevermann hätte also gute Gründe für einen kritischeren Rückblick auf den Nationalsozialismus gehabt. Seine Zurückhaltung macht daher umso deutlicher, welche Prägekraft Wiederaufbau-Erinnerungen noch Jahrzehnte nach der Operation Gomorrha ausübten.

Leerstellen und Sinnstiftungen: Literarische Erinnerungen

Ruinen waren auch ein beliebtes Sujet für den Literaturbetrieb. In Hamburg verbindet man die „Bomben- und Trümmerliteratur" meist mit Hans-Erich Nossack und Wolfgang Borchert – keine ganz unbekannten Namen, wie man meinen möchte. Nossack schuf mit seinem Buch „Der Untergang" eines der bedrückendsten Zeitdokumente des Bombenkriegs. Auch Borcherts Alltagsszenen aus dem bombardierten Hamburg und seine Kurzgeschichten wie „Billbrook" gehen heute noch unter die Haut.

Umso erstaunlicher ist die zeitgenössische Reaktion auf diese Werke: Sie blieb weitgehend aus. Obwohl mit Nossack und Borchert zwei Shootingstars der deutschen Nachkriegsliteratur den Bombardierungen auf Hamburg ein Denkmal setzten, ließen „Der Untergang" und andere Geschichten die Hamburger kalt. Nossacks Untergang sorgte „im Ausland für mehr Aufsehen als zu Hause",[11] wo schon die Erstauflage zum Ladenhüter verkam. Das deutsche Desinteresse erweckt heute den Eindruck, dass der Bombenkrieg kein Thema für den Literaturbetrieb gewesen, womöglich sogar bewusst von ihm verdrängt worden sei. Klaus Naumann sprach in diesem Zusammenhang von einer „Leerstelle Luftkrieg",[12] Winfried G. Sebald behauptete gar, dass Berichte von Borchert, Nossack und Co. „aus dem kulturellen Gedächtnis ausgeschlossen"[13] worden seien.

Ein zweiter Blick macht dagegen deutlich, dass Romanciers die Bombennächte sehr wohl und sehr erfolgreich an ihre Leser brachten. Eines der besten Beispiele ist der ungemein populäre Roman „Die unverzagte Stadt" von Otto Erich Kiesel. 1949 erschien dieses Werk erstmals als Trilogie. Es setzte „dem Lebenswillen seiner vom Bombenkrieg heimgesuchten Vaterstadt [...] ein Denkmal"[14], wie die „Hamburger Freie Presse" jubilierte. Tatsächlich endeten Kiesels Schilderung der „Katastrophentage" in einem sehr beruhigenden Ausblick: „Nein, von dieser Stadt wird man niemals sagen können, ihre Zeit sei wie ein Geschwätz gewesen. Stolz, groß, arbeitsam, aus aller Not auferstehend: die unverzagte Stadt."[15]

Dass Kiesel in seinem Bericht von den Bombennächten mit vollen Händen aus dem Repertoire der NS-Propaganda schöpfte, lässt sich zum einen mit seiner Redakteurstätigkeit im „Hamburger Fremdenblatt" während des Nationalsozialismus erklären. Zum anderen trafen Erinnerungen an die „unverzagte Stadt" als Beweis eines Hamburger Überlebenswillens einen Nerv der

Der Bombenkrieg als Heldenepos: Schutzumschlag des Romans „Die unverzagte Stadt" von 1949.

Zeitgenossen. Im Gegensatz zu Nossack und Borchert verfasste Kiesel Aufbauliteratur also auch im eigentlichen Wortsinne. Seine Schilderungen der Bombennächte waren für viele Hamburger sinn- und identitätsstiftend. Sie lösten die Geschichte des Bombenkriegs in gute Geschichten auf und boten jenes „Happy End", das Nossack, Borchert und andere vermissen ließen.

Kiesels Roman feierte große Erfolge und erfuhr zahlreiche Neuauflagen, insbesondere zu den runden Jahrestagen der „Operation Gomorrha". Seit 1957 legte eine auf 450 Seiten gekürzte Fassung einen noch stärkeren Fokus auf die Juli-Angriffe 1943, so „dass jenes schaurig-grandiose, von Meisterhand gestaltete Kernstück des Romans die furchtbarste Periode der hamburgischen Geschichte umso eindringlicher und überwältigender anschaulich macht",[16] wie Robert Warnecke im neuen Vorwort betonte. Noch Mitte der 1970er Jahre legte das Hamburger Abendblatt seinen Lesern „Die unverzagte Stadt" als „erfolgreichen Hamburg-Roman"[17] wärmstens ans Herz.

Pazifistische Parallelen

Nossacks Stunde sollte später schlagen. Anfang der 1980er Jahren fand „Der Untergang" in Hamburg plötzlich reißenden Absatz – und so auch seinen Weg ins Gedächtnis der Stadt. Hatten die Hamburger von dem Buch bislang kaum Notiz genommen, überschlugen sich auf einmal die Verkaufszahlen. Im März 1981 erschien eine aufwändig bebilderte Neuausgabe des „Untergangs" mit Fotografien von Erich Andres im Hamburger Kabel Verlag. Der Ladenhüter mauserte sich nun zum Verkaufsschlager und wurde innerhalb weniger Monate gleich viermal bis zu einer Auflage von 25 000 Stück nachgedruckt.[18] Seither sind Neuauflagen des „Untergangs" zu runden Jahrestagen der „Operation Gomorrha" immer wieder gefragt. Das Buch ist heute ein verlässlicher Longseller.

Eine Erklärung für diesen späten Durchbruch ist die intensive mediale Begleitung der Neuauflage durch das „Hamburger Abendblatt". Die Zeitung bewarb die beeindruckenden Fotografien von Erich Andres im Übrigen mindestens so intensiv wie den Text Nossacks. Eine weitere Erklärung für die späte Erfolgsgeschichte ist der Zeitgeist. Seit den frühen 1980er Jahren grassierte in ganz Europa die Kriegsangst. Der NATO-Doppelbeschluss und die Stationierung US-amerikanischer Pershing-II-Raketen in Deutschland trieben hunderttausende Menschen auf die Straßen. Die Friedensdemonstration im Bonner Hofgarten Ende Oktober 1983 – drei Monate nach dem 40. Jahrestag der „Operation Gomorrha" – ist bis heute das bekannteste Beispiel für die verbreitete Kriegsangst. Auch in Hamburg war die Sorge vor einem Dritten Weltkrieg überall zu spüren. Im Mai 1983 kündigte die GAL-Fraktion einen Bürgerschaftsantrag an, der die Hansestadt als erstes Bundesland zur „atomwaffenfreien Zone" erklärte; im Sommer 1983 gründeten sich auf Initiative der GAL und SPD in mehreren Stadtteilen zahlreiche „Friedensforen".

Der Grundton für den 40. Jahrestag der „Operation Gomorrha" war also vorgegeben. „Frieden" war die Perspektive, in der die Hamburger auf die Bombennächte zurückblickten. Erinnerungen an den Zusammenhalt von 1943 und den heldenhaften Wiederaufbau traten vor diesem Hintergrund in die zweite Reihe. Stattdessen grundierten nun Nossacks düsterer „Untergang" und Erich Andres' beklemmende Bilder Gedenkfeiern, Ausstellungen und Zeitungsberichte jener Tage.

Mitte Juli 1983 eröffneten Senat und Bürgerschaft im Hamburger Rathaus die Ausstellung „In Schutt und Asche". Auch hier gaben Friedensmahnungen das Leitmotiv vor. Bürgerschaftspräsident Hans Saalfeld schloss seine Eröffnungsansprache mit einer ebenso knappen wie klaren Lehre aus den

Bombennächten: „Nie wieder Krieg!". Innerhalb weniger Tage avancierte die Ausstellung zum Besuchermagnet. Wegen des gewaltigen Andrangs musste die Schau Ende Juli sogar verlängert werden, wie das Hamburger Abendblatt berichtete: „Noch immer strömen täglich viele hunderte Besucher an den Bildtafeln im Rathaus-Parterre vorbei, obwohl es draußen keinen Hinweis auf die Ausstellung über Hamburgs schlimmste Stunden gibt."[19]

Auch an Bürgermeister Klaus von Dohnanyi ging der Zeitgeist nicht vorbei. Seine Gedenkrede zum 40. Jahrestag brandmarkte die Bombardierungen als Verbrechen, das gerade heute eine deutliche Warnung gebe. Demnach „war der Bombenkrieg gegen die Zivilbevölkerung Massenmord. Kriegführen heute heißt bereit sein zum Massenmord". Dohnanyi leitete aus der Geschichte somit einen eindeutigen Appell für die Gegenwart ab: „Bei den Genfer Rüstungskontrollgesprächen müssen endlich sichtbare Abrüstungserfolge erzielt werden."[20]

Kurz gesagt bildete die Geschichte der Bomben auch während der 1980er Jahre eine perfekte Projektionsfläche für die Gegenwart. 1943 diente nun als Argument gegen Atomraketen, als Warnung vor dem Wettrüsten oder als Plädoyer für eine Entspannungspolitik. So nachvollziehbar solche Projektionen angesichts verbreiteter Kriegssorgen auch sind, so problematisch waren ihre Folgen für Hamburgs Selbstbild. Denn pazifistische Plädoyers verengten den Bombenkrieg oft zu einem beispiellosen Fanal. Die Bombenopfer spielten die Hauptrolle für Friedensmahnungen, so dass andere Opfergruppen – von der politischen Verfolgung seit 1933 bis zu den Ermordeten des Holocaust seit den 1940er Jahren – zurückstanden. Darüber hinaus überblendete die Strahlkraft des „Feuersturms" als Friedensmahnung die Vorgeschichte des Bombenkriegs. Mehrere Redner nannten zwar pflichtschuldig das Jahr 1939 als Beginn des Zweiten Weltkriegs oder deutsche Luftangriffe auf westeuropäische Städte – die Verwüstungen von Wielun, Belgrad oder Stalingrad durch die deutsche Luftwaffe waren im Übrigen nach wie vor kein Thema. Als eigentliche Zäsur behielten aber die Bombennächte von 1943 ein Alleinstellungsmerkmal im Gedächtnis der Stadt.

Die Katastrophe ohne Kontext blieb ein beliebtes Erinnerungsmotiv. Die Kriege im ehemaligem Jugoslawien während der 1990er Jahre oder Luftangriffe auf den Irak 2003 riefen in Hamburg immer wieder Erinnerungen an den eigenen Untergang wach. Bürgermeister Ole von Beust unterstrich in

Gedenken als Friedensmahnung: Faltblatt zur Rathaus-Ausstellung „In Schutt und Asche" 1983.

seiner Gedenkrede zum 70. Jahrestag der „Operation Gomorrha" im Mahnmal St. Nikolai sogar Hamburgs Alleinstellungsmerkmal ausdrücklich, „weil keine andere Stadt in der Geschichte Europas in einem so infernalischen Feuersturm untergegangen ist."[21] Die „Terror-Bombardements" waren für von Beust folglich ein „historisches Symbol" jenes „Zivilisationsbruchs", mit dem Hamburg bis heute zu kämpfen habe. Ralph Giordano mochte das Alleinstellungsmerkmal auf der Gedenkfeier 2003 nicht so stehen lassen. Der ehemals Verfolgte bezog mit seiner anschließenden Rede eine klare Gegenposition und warnte vor populären Erinnerungen an eine Katastrophe ohne Kontext: „Wogegen ich mich [...] wehre, ist die zulässige, weil absichtsvolle Hervorhebung des Luftkrieges aus dem kriegerischen Gesamtterror, mit dem dieses Deutschland Europa und die Welt überzogen hatte. [...] Jeder Versuch, das anglo-amerikanische Bombardement zu einem vergleichslosen Kapitel der Kriegsgeschichte zu machen, suggeriert eine Einmaligkeit, die es nicht gegeben hat."[22]

Seit dem russischen Überfall auf die Ukraine Ende Februar 2022 sind Erinnerungen an 1943 plötzlich wieder sehr gefragt. In der Presseberichterstattung und in den Sozialen Medien häufen sich Vergleiche zwischen dem Hamburg von damals und den Städten Kiew, Mariupol oder Charkow von heute. In einer Talkshow von Markus Lanz zum Ukrainekrieg berichtete Klaus von Dohnanyi im März 2022 von seinen Erlebnissen während der Hamburger Bombennächte, um die NATO „vor einer weiteren Bewaffnung" zu warnen: „Wenn man das alles erlebt hat und als eigene Erfahrung mitbringt, denkt man vielleicht in diesen Fragen doch etwas vorsichtiger als mancher, der nur die Gegenwart und diesen ersten Krieg erlebt".[23] Der russische Präsident Wladimir Putin brachte die Bombardierungen des Zweiten Weltkriegs gar als Beleg eines US-amerikanischen Weltmachtstrebens in Stellung. In einer Rede im Prachtsaal des Kreml vom September 2022 vermengte er Geschichts- mit Geopolitik. Köln, Hamburg und Dresden seien demnach „Opfer der USA" gewesen und „ohne militärische Notwendigkeit" in Schutt und Asche gelegt worden.[24]

Bomben fallen nicht vom Himmel

Es gab aber auch kritische Erinnerungen. Als einer der ersten bemühte sich Bürgermeister Max Brauer, an die Vorgeschichte der „Operation Gomorrha" zu erinnern und so die Katastrophe in ihren Kontext zu stellen. Den Anlass gab die Einweihung des „Ehrenmals für die Hamburger Bombenopfer" auf dem Ohlsdorfer Friedhof am 16. August 1952. Am Massengrab, an dem schon die NSDAP an den Durchhaltewillen der Hamburger appelliert hatte, weihten Brauer, Bundestagspräsident Hermann Ehlers und Bürgerschaftspräsident Adolph Schönfelder unter gewaltigem Besucherandrang das Ehrenmal ein.

Seine Eröffnungsansprache begann Bürgermeister Brauer mit einer Sinnsuche. „Warum?", fragte er seine Zuhörer, „warum mussten sie alle sterben?"[25] Brauer wies in seiner Antwort darauf hin, dass die Bombentoten eben nicht das „Opfer einer Naturkatastrophe" gewesen seien. Vielmehr seien den Bombennächten auf Hamburg deutsche Angriffe vorangegangen; „der Tod der friedlichen Bürger von Guernica, Rotterdam und Coventry" sei die Vorgeschichte zu 1943. Brauer ließ es sich am Ehrenmal der Bombenopfer zudem nicht nehmen, auf andere Opfergruppen hinzuweisen, die in Hamburg Anfang der 1950er Jahre noch selten eine Rolle spielten: „Mit Beschämung und Empörung erinnern wir uns der Opfer des Rassenwahns, für die auf dem benachbarten jüdischen Friedhof ein Mahnmal für 7 000 ermordete Mitbürger errichtet worden ist."

Brauer sprach die „Machtergreifung" von 1933 zwar nicht explizit an. Am Ende seiner Ansprache ließ er allerdings keinen Zweifel, dass Hamburgs Untergang nur im großen Kontext zu verstehen sei. Zur Vorgeschichte von 1943 gehörte seiner Meinung nach eben nicht nur die Kausalkette Guernica-Rotterdam-Coventry-Hamburg, sondern ebenso die Zustimmung der Deutschen zum Nationalsozialismus. Die Opfer der Bombennächte formulierten daher keinen Vorwurf an die ehemaligen Kriegsgegner, sondern eine Mahnung an die Hamburger, wie Brauer am Ende klarstellte. Die Bombenopfer „mahnen uns, dass wir die künftigen Entscheidungen über Leben und Tod, Glück und Frieden, Aufstieg oder Untergang nicht den Dämonen überlassen, sondern selber auf uns nehmen. [...] Nur weil man sich den Gewalttätern überantwortete, kam die Gewalt über unsere Familien und über unsere friedlichen Städte. Denn in einem freien Volke ist ein jeder für dieses ‚Warum' mitverantwortlich."

Solche Erinnerungen waren bemerkenswert. Sie waren es umso mehr, weil Max Brauer als Remigrant beim Thema Nationalsozialismus in der Öffentlichkeit ansonsten sehr zurückhaltend blieb. In diesem Fall gelang dem ehemals Verfolgten jedoch sowohl eine kritische Interpretation des Krieges als auch eine Kombination von 1943 und 1933, die erst Jahrzehnte später auf größere Resonanz stoßen sollte. 1952 waren solche Einordnungen hingegen eine seltene Ausnahme. So stieß Brauers Nachredner Hermann Ehlers in der Presse auf ein ungleich lauteres Echo. Der Bundestagspräsident konnte im Gegensatz zu Brauer als Zeitzeuge von der „Operation Gomorrha" berichten – er war seit 1940 der Flugabwehr in Hamburg zugeteilt worden und hatte die Angriffe von 1943 selbst erlebt. Seine Glorifizierung des Hamburger Widerstandswillens bot zudem eine sehr viel positivere Deutung des Untergangs: „Wir haben in jenen Jahren erlebt, wie Menschen aus allen deutschen Landschaften sich zusammenfanden, um diese Stadt und ihre Menschen vor den Luftangriffen der Gegner zu schützen, und wie sie zu den Einwohnern Hamburgs in eine Beziehung traten, die die Einheit unseres Volkes hell sichtbar werden ließ." In ihrer Berichterstattung hob die „Frankfurter Allgemeine Zeitung" Ehlers' Erinnerung besonders hervor und zitierte den Hamburger „Willen zur Selbstaufopfe-

Besucherandrang zur Einweihung des „Ehrenmals für die Hamburger Bombenopfer" auf dem Ohlsdorfer Friedhof im August 1952.

rung und Ordnung" als ein grausames Alleinstellungsmerkmal: „Wir Deutschen haben, auch wenn es ein sehr bitterer Vorzug ist, anderen Völkern das eine voraus, dass wir diese Vernichtung unverhüllt erlebt haben."[26]

Auch im ganz linken Parteienspektrum erinnerten sich die Hamburger während der 1950er Jahre anders als Max Brauer an den Untergang. Die Kommunistische Partei Deutschlands (KPD) nutzte die Erinnerung an „Gomorrha" beispielsweise wenige Wochen vor der Einweihungsfeier in Ohlsdorf als Argument im Ost-West-Gegensatz. „Anlässlich der vor 9 Jahren stattgefundenen Terrorangriffe" lud die KPD am 26. Juli 1952 zu einer Großkundgebung mit anschließender Kranzniederlegung auf den Ohlsdorfer Friedhof ein. Vor den Veranstaltungen radelten zahlreiche Genossen durch Hamburgs Stadtteile und boten Gespräche über die Bombennächte an. Aus Sicht der KPD war dieser Austausch ein voller Erfolg: „Einige Genossen, die anfangs Hemmungen hatten, waren nachher begeistert". Zur Gedenkfeier erschienen mehr als 5 000 Teilnehmer,[27] zur anschließenden Kranzniederlegung auf dem Ohlsdorfer Friedhof zählte die Zeitung „Der Telegraf" über „200 Kränze".[28]

Für die KPD spielte die Vorgeschichte der Katastrophe ebenfalls keine große Rolle. Die kommunistische „Volkszeitung" forderte zum neunten Jahrestag der „Operation Gomorrha" vielmehr ein Gedenken als „flammende Anklage [...] gegen alle, die schuldig am Schrecken des Krieges waren". Die Erinnerung an 1943 war demnach eine Mahnung an die Verantwortlichen in den USA, „die auch heute schon wieder mit Pest und Bomben die Frauen und Kinder Koreas in den Tod schicken". Dem Hamburger Senat warf die KPD zudem eine Verdrängung des planmäßigen „Massenmord[s] an unschuldigen Frauen und Kindern" vor, der mit den Arbeitervierteln zugleich den Widerstand gegen Hitler vernichtet habe: „Es waren Arbeiter, die ihren stummen, verzweifelten Kampf gegen die Hitlerfaschisten führten. [...] Sie starben mit der Frage auf den Lippen: warum? [...] Warum nicht die Kriegsindustrien, die IG Farben, die Krupp, warum wurden die nicht vernichtet? Wollte man nicht die Beendigung des Krieges?"

Noch in den 1980er Jahren waren Brauers Einordnungen der Katastrophe nicht sehr populär. Im friedensbewegten Jahrzehnt dominierten dagegen pazifistische Parallelen zwischen den Trümmerwüsten des Zweiten und denen des Dritten Weltkriegs. Als beispielsweise der Hamburger Verleger Gerd Bucerius 1983 in den Münchener Kammerspielen an die „Operation Gomorrha" als Voraussetzung für die spätere Befreiung erinnerte, blieb jegliche Resonanz aus. Die Bomben und die Befreiung passten während der 1980er Jahre noch nicht zusammen.

„Wer Wind sät..." – Bomben als Befreiung

Zum 50. Jahrestag der „Operation Gomorrha" 1993 hielt Bürgermeister Henning Voscherau im Mahnmal St. Nikolai eine Ansprache, die eine Zäsur im Gedächtnis der Stadt markiert. Zunächst einmal ordnete Voscherau die Bombenangriffe explizit in eine lange Vorgeschichte ein, die nicht bloß den Zweiten Weltkrieg, sondern bereits die „Machtergreifung" von 1933 in Erinnerung rief: „Die zehn Tage im Sommer 1943 sind nicht zu trennen vom 30. Januar 1933, vom Münchener Abkommen 1938, vom 1. September 1939, vom deutschen Überfall auf die Sowjetunion am 22. Juni 1941. Wer Wind sät, wird Sturm ernten. Mit der ‚Operation Gomorrha' fiel die Gewalt auf unser Volk, auf unsere Stadt zurück."

Anschließend ging Voscherau noch einen Schritt weiter, indem er die Bombardierungen zur Voraussetzung einer späteren Befreiung erklärte. Er wies in seiner Ansprache darauf hin, dass der Krieg notwendig gewesen sei, um deutsche Verbrechen zu stoppen: „Wer will anklagen? Wer will im Land der

Täter Verbrechen gegen Verbrechen aufrechnen? [...] selbst im Angesicht tiefsten menschlichen Leids dürfen wir eines nicht vergessen: Hätten die Alliierten nicht den Mut und die Entschlossenheit gefunden, nationalsozialistischer Gewalt Gewalt entgegenzusetzen, den Nationalsozialismus opferreich niederzukämpfen, hätte es dann Befreiung, hätte es die Befreiung der KZ, der Überlebenden in den KZ, Juden, Roma, vieler anderer gegeben; hätte es Erneuerung, hätte es eine freiheitliche, demokratische Zukunft geben können?"

Die Reaktionen auf Voscheraus Befreiungs-Rede waren euphorisch. Die Süddeutsche Zeitung adelte die Ansprache gar zur „offiziellen [...] Absage an ein ‚kollektives deutsches Selbstmitleid'"[29], die den Luftkrieg in einen „historischen Zusammenhang" gestellt habe. Auch das „Hamburger Abendblatt" und die „Bild"-Zeitung zitierten Voscheraus Ursachenanalyse ausführlich.[30] Ein nicht minder positives Echo erntete die Ansprache Voscheraus zudem in zahlreichen Briefen. Von einer „klugen Rede" sprach etwa der CDU-Europaparlamentarier und ehemals Verfolgte Erik Blumenfeld.[31]

Sowohl die positiven Reaktionen auf die Rede als auch die Rede selbst sind heute erklärungsbedürftig. Woher rührte die plötzliche Popularität der Erinnerung an die Bombenangriffe als Befreiung? Wie erklärt sich dieser Einstellungswandel, wenn man sich vor Augen hält, dass „Gomorrha" noch wenige Jahre zuvor vorwiegend als Verbrechen erinnert worden war? Die letzte Frage verweist bereits auf eine Antwort. 1993 standen Erinnerungen an den Bombenkrieg unter ganz anderen Vorzeichen als während der 1980er Jahre. Der Zeitgeist hatte sich verändert. Nun bewegten nicht Kriegsängste, sondern Anschläge auf Asylbewerberheime in Rostock Lichtenhagen und Hoyerswerda die Hamburger Bevölkerung, die noch Anfang der 1990er Jahre mit Lichterketten durch die Straßen gezogen war.[32]

Vor diesem Hintergrund richtete sich Hamburgs Gedächtnis neu aus. Auf einer Pressekonferenz Anfang Juli 1993 erklärte Voscherau sehr konkret, wie sich rechtsextreme Überfälle in der Erinnerung an den Bombenkrieg niederschlagen sollten: „In Zeiten, in denen der innere Frieden in Deutschland durch rechtsextreme Gewalttäter bedroht werde", müsse die Hansestadt „auch daran erinnern, dass die Ereignisse des 25. Juli bis 3. August 1943 kein isoliertes und unvermitteltes Naturereignis" gewesen sind. In der bereits zitierten Ansprache brachte Voscherau das Motiv auf den Punkt: „Die Toten des Feuersturms mahnen uns: Gedenken im Blick zurück muss zugleich Versprechen für das ‚nie wieder' sein [...]. Gerade in diesen Tagen, in denen eine der Lehren der Nazizeit von rechtsradikalen Mordbrennern bekämpft wird, in denen Angehörige einer Minderheit aus Rassismus ermordet werden, müssen wir dieses Versprechen unter Beweis stellen – jeden Tag, jeder von uns."

Der Film zum Gedenken: Cover der VHS-Kassette zum 50. Jahrestag 1993 des Mahnmals St. Nikolai

Es bedurfte also eines neuen Rahmens für das Gedächtnis der Stadt, damit die Hamburger den Krieg in seinen Kontext stellen und die Katastrophe auch als Erinnerung an deutsche Verbrechen wachhalten konnten. Rechtsextreme Überfälle, brennende Häuser und Lichterketten leuchteten die Erinnerungskultur neu aus. Weizsäckers berühmte Befreiungs-Rede zum 40. Jahrestag des Kriegsendes gab nun den Ton auch für Erinnerungen an die Bombardierungen vor.

Verschoben wurde der Erinnerungsrahmen in Hamburg zudem durch den späten Erfolg der KZ-Gedenkstätte in Neuengamme. Jahrzehntelang hatte die Gedenkstätte in der Hansestadt keine Rolle gespielt. Nicht zuletzt aufgrund der Lage des KZ vor den Toren der Stadt blieben Erinnerungen an die Verfolgung und „Vernichtung durch Arbeit" lange Zeit aus dem städtischen Gedächtnis ausgelagert. Anfang der 1990er Jahre erhielt Neuengamme endlich größere Aufmerksamkeit des Senats und die Zusage zur Errichtung einer großen Gedenkstätte. Auch deshalb gab die Befreiung vom Nationalsozialismus fortan einen Grundton in Hamburgs Erinnerungskultur vor. Zwei Jahre nach dem 50. Jahrestag der „Operation Gomorrha" feierten die Hamburger auf dem Rathausmarkt sogar ein gewaltiges „Friedensfest", um den 50. Jahrestag des Kriegsendes gemeinsam mit dem ehemaligen Kriegsgegner zu begehen. Niemand Geringeres als Prinz Charles verkündete an diesem 3. Mai 1995 vom Balkon des Hamburger Rathauses unter lautem Jubel zehntausender Besucher seine Freude über die „Befreiung der Stadt".

Versöhnung ehemaliger Kriegsgegner am Massengrab der Bombenopfer: Sir Peter Torry, Dorothea Stapelfeld und Ole von Beust (v.l.n.r.) zum 60. Jahrestag 2003.

Gomorrhas Geschichte in unserer Gegenwart

Die Freude über die Verständigung ehemaliger Kriegsgegner prägt die Jahrestage der „Operation Gomorrha" bis heute. 2003, zum 60. Jahrestag der Bombardierungen, sprachen der britische Botschafter Sir Peter Torry und Bürgermeister Ole von Beust auf dem Ohlsdorfer Friedhof gemeinsam vom „Gefühl besonderer Zuneigung und Freude" und einem erfolgreichen Weg „zur Versöhnung und Partnerschaft".[33] 2013 kamen Bürgermeister Olaf Scholz und der britische Reverend Matthew Jones in der Kirche St. Katharinen zusammen, um „die Versöhnung ehemals verfeindeter Nationen" zu feiern. Scholz machte mit seiner Gedenkrede von 2013 zugleich deutlich, dass die Erinnerung an die Bombennächte nicht in Aufbaumythen, Helden- oder Durchhaltegeschichten aufgehe. Und er erzählte von der langen Vorgeschichte des „Feuersturms", „denn natürlich geschah nichts ‚out of the blue' im Sommer 1943". Scholz betonte zudem das Leid der „anderen Opfer", die im Gedenken lange Zeit zu kurz gekommen waren: „Wir wissen, dass [...] die Todesfabriken des NS-Regimes auch während der feindlichen ‚Aktion Gomorrha' weiterliefen", dass „viele KZ-Häftlinge, Kriegsgefangene und Zwangsarbeiter ums Leben kamen."[34]

Von einem „Happy End" der Erinnerungsgeschichte im 21. Jahrhundert kann dennoch keine Rede sein. Zum einen sind bis heute immer wieder schiefe Töne zu hören, z.B. vom „Feuersturm" als einmaligem

„Fanal“. Zum anderen provozierten britisch-deutsche Versöhnungsreden und kritische Erinnerungen heftige Gegenreaktionen, vor allem von rechts. Seit der Jahrtausendwende machen „Trauermärsche“ durch Hamburgs Straßen zur Erinnerung an den „Bombenholocaust“ deutlich, dass die Erinnerung an die Bomben ein Problem geblieben ist.[35] Seither profilieren sich Parteien wie die Deutsche Volksunion (DVU), die Nationaldemokratische Partei Deutschlands (NPD) und rechte Kameradschaften in Hamburg mit rechten Erinnerungen an den Untergang. Einmal mehr steht dabei das Ehrenmal auf dem Ohlsdorfer Friedhof im Visier. Denn hier endeten rechte Trauermärsche häufig mit Kundgebungen und Kranzniederlegungen. „Der Feuersturm raste, verschlang, was er fasste, in Grauen und Not. Unseren Toten“, lautete beispielsweise die Widmung einer Kranzschleife, mit der Hamburgs Landesverband der DVU im Juli 2006 an die „Operation Gomorrha“ erinnerte.[36]

Vereint in der Erinnerung

Rechte Vereinnahmungen des Bombenkriegs mobilisierten ein zivilgesellschaftliches Engagement und schmiedeten Koalitionen, die im 20. Jahrhundert noch undenkbar gewesen wären. Seit 2009 laden Gewerkschaften, Kirchen, Vereine und Initiativen zu den Jahrestagen der Bombardierungen nach Ohlsdorf zu einem „Friedensfest“ mit mehrtägigem Begleitprogramm. Unter der Schirmherrschaft des Volksbundes Deutsche Kriegsgräberfürsorge finden Vereine wie „Gegen Vergessen – Für Demokratie“, aber auch die „Vereinigung der Verfolgten des Naziregimes“ (VVN) am Ehrenmal zusammen, das so gegen rechte Kundgebungen „besetzt“ wird. Im Juli 2023 wird das mittlerweile 12. Friedensfest in Ohlsdorf erneut zahlreiche Hamburger Gruppen im Gedenken an die „Operation Gomorrha“ zusammenbringen.

Mit den Friedensfesten kann Hamburgs Erinnerungsgeschichte vielleicht doch in eine hoffnungsvolle Zukunft blicken. Das Gedenken an die „Operation Gomorrha“ bringt heute ganz unterschiedliche Gruppen am Massengrab zusammen – als Erinnerungskultur, die unterschiedliche Perspektiven und Menschen zusammen und miteinander ins Gespräch bringt; als Erinnerungskultur, die uns unterschiedliche Deutungen und damit die Widersprüche der Geschichte bewusstmacht.

Den Feuersturm in den Kontext stellen: Programm des Ohlsdorfer Friedensfestes zum 75. Jahrestag 2018.

Sabine Bode

Was vom Krieg übrig blieb

Wenn ich überwiegend von den Generationen der Kriegskinder und den Kindern der Kriegskinder schreibe, wird das womöglich sehr pauschal klingen. Meinem verstorbenen Mann ging es so. Las er ein neues Kapitel von mir, hörte ich ihn manchmal stöhnen. Es dauerte etwas, bis er unsere Unterschiede akzeptierte. Ich sagte zu ihm: Du musst jeden einzelnen Menschen sehen, das Individuum, andernfalls kannst du nicht helfen. Für mich aber ist die Kriegskindheit ein kollektives Thema. Ich möchte aufklären, ich möchte einen Stein ins Rollen bringen. Ich möchte, dass geforscht wird. Natürlich war mir bewusst: Das Leid des Krieges betrifft nicht ***alle*** Menschen der Jahrgänge von 1930–1945, sondern nach Schätzungen nur ein Drittel der Generation. Zwei Drittel waren davon geprägt, ohne belastet zu sein. Aber darüber schrieb ich nicht. Also: Ich berichte heute vor allem über die belasteten ehemaligen Kriegskinder und über die belasteten Kriegsenkel, wie sich viele Kinder der Kriegskinder seit geraumer Zeit nennen – in etwa die Jahrgänge von 1955–1975. Ich möchte ein globales Thema ansprechen, das, soweit ich weiß, allein in Deutschland auf dem Weg ist, sich im Mainstream zu verankern.

Im Kern geht es um die Kriegskinder in aller Welt. Wenn die Zeiten von Gewalt und Willkürherrschaft endlich vorbei sind, wenn es darum geht, eine neue Gesellschaft aufzubauen, fällt ihnen 10, 20 bis 30 Jahre nach dem Friedensdatum die wichtige Aufgabe zu, mit den Mythen der Vergangenheit aufzuräumen, um zum Beispiel die Korruption einzudämmen. Doch einer großen Zahl der ehemaligen Kriegskinder fehlt als Politiker oder als Wähler das Interesse an Innovation. Man kann sagen, sie sind eine geschwächte Generation. Das wirklich Neue an der Thematik „Kriegskinder" sind nicht die Schrecken des Krieges. Es ist ja bekannt, dass Kinder, Alte und Kranke am meisten unter kollektiver Gewalt leiden. Das Neue ist: Hier handelt es sich um eine große Gruppe von Menschen, die in der Kindheit verheerende Erfahrungen machten, aber über Jahrzehnte in der Mehrzahl eben nicht das Gefühl hatten, etwas besonders Schlimmes erlebt zu haben. Denn es fehlte ihnen der emotionale Zugang zu diesen Erfahrungen und damit auch der Zugang zu ihren wichtigsten Prägungen.

Viele von ihnen haben überlebt, indem sie sich selbst betäubten. Dabei halfen Sätze wie „Indianerherz kennt keinen Schmerz" oder die in der Hitlerjugend erworbene Überzeugung, „hart wie Kruppstahl" zu sein. Und diese Betäubung hielt bei vielen Menschen ein Leben lang an. Ihnen ist es nicht aufgefallen. Aber ihren Kindern sehr wohl, spätestens als Jugendliche.

Ein öffentliches Interesse am Thema „deutsche Kriegskinder" existiert seit 2005. Es gab also eine Zeit in Deutschland, als die Angehörigen der Kriegskinderjahrgänge keineswegs der Meinung waren, sie hätten als Generation ein bemerkenswertes gemeinsames Schicksal. Sie nannten sich nicht Kriegskinder, sondern Nachkriegskinder. Wir haben es hier mit einem flächendeckenden gesellschaftlichen Tabu zu tun. Litten Menschen unter Panikattacken oder Depressionen, kam kein Arzt auf die Idee, die Ursache in einem Kriegstrauma der Kindheit zu suchen. Und die Betroffenen erst recht nicht – die meisten gaben sich selbst die Schuld. Was stell ich mich so an ... Los, nimm dich endlich zusammen.

Es ist bedrückend und unvermeidbar, dass Gedanken an den aktuellen Krieg uns nicht verlassen werden.

Zwei Wochen nach dem Überfall Russlands auf die Ukraine rief Helga B. (85) mich an. Ich kenne sie gut. Ihre Kindheit im Luftschutzkeller hatte in ihrem späteren Leben jede Leichtigkeit verhindert. Andere tanzten, sie musste kontrollieren, vor allem sich selbst. Vor knapp 20 Jahren habe ich in meinem Buch „Die vergessene Generation" über sie geschrieben.

Danach machte sie eine Traumatherapie. Nun sagte sie am Telefon: „Das Problem bin nicht ich, es ist mein Sohn. Er besucht mich oft und redet sofort von der Ukraine."

„Und Sie?", fragte ich: „Sie schaffen es nicht, dass er schweigt?"

„Na ja, dazu bin ich dann zu schwach. Also kriegt er mit, wie ich weinend einiges von früher berichte. Bei meinen Erinnerungen kann es doch nicht anders sein ... Aber mein Sohn hat furchtbare Angst und meint, ein Arzt muss her, um mich zu beruhigen."

Thomas B. sieht seine alte Mutter im Griff eines Monsters, das er Trauma nennt. Er ahnt nicht, dass sie sich beruhigt, sobald er wieder fort ist. Aus früheren Gesprächen mit Helga B. wusste ich, dass der Sohn, ihr einziges Kind, nicht das geringste Interesse zeigte am Kriegsschicksal seiner Mutter. Offenbar sind zurzeit für viele Jüngere der Schmerz und die Tränen der Älteren so unerwartet wie unerträglich, daher ihr Ruf nach dem Arzt mit der Beruhigungsspritze. Heute ist das so lange unbeachtete Schicksal der Kriegskinder ein Mainstream-Thema. Unzählige Menschen haben sich im Laufe der Jahre ihre Kriegskindheit zu eigen gemacht und damit die Betäubung aufgelöst. Sie haben ihre Erinnerungen und ihre Gedanken aufgeschrieben. Oft schickten sie mir ihre Texte. Ich hörte sie sagen, es habe auch viel Schönes gegeben, aber eben auch das Schmerzhafte, doch alles in allem entlaste sie der Prozess der Aufarbeitung. Viele sagen, sie müssten es tun, um mit ihrem Schicksal Frieden zu schließen. Wenn sie heute schmerzhafte Erinnerungen beschweren, dann nur vorübergehend.

Sehr genau wurde von den ehemaligen Kriegskindern abgewogen, welche Fakten sie preisgaben und welche nicht, weil ein Familiengespräch sie zu sehr aufgewühlt hätte. Die Vergewaltigung als Zehnjährige wurde ebenso verschwiegen wie die Verstrickung der Eltern in das Nazi-Regime, gebunden an das Versprechen, den guten Namen der Familie zu schützen.

Die ehemaligen deutschen Kriegskinder. Keine Generation kenne ich besser als sie – besser als meine eigene, die der Nachkriegskinder.

Es begann mit dem Balkankrieg. Das Leid der Kinder im Fernsehen führte mich zu neuen Fragen: Wie geht es eigentlich den deutschen Kriegskindern. Wie haben sie ihre frühen Erfahrungen mit Gewalt, Verlusten und Hunger verkraftet? Und warum weiß ich darüber nichts? 1995 erhielt ich einen Auftrag für ein Radio-Feature mit dem Titel „Luftschutzkinder". Im großen WDR-Archiv war kaum Nennenswertes zu finden.
Also fragte ich die Betroffenen selbst. Einige 100 Menschen habe ich dafür angesprochen, keine Gelegenheit ausgelassen. Lange Reisen mit der Bahn konnten da sehr ergiebig sein. So kam es zu vielen hunderten Begegnungen. Fazit meiner Recherche ein Jahr später: Die Erinnerungen an Bombenkrieg und Vertreibung waren kein Tabu. Allerdings wurde die Flucht häufig als großes Abenteuer geschildert oder, wenn Grausamkeit zur Sprache kam, völlig gefühlsfrei, als würde jemand aus einem Telefonbuch vorlesen. Meine Fragen nach den Kriegsfolgen wurden so gut wie nie beantwortet. Sie wussten es nicht und sie wollten davon nichts hören. Hunderte Male hörte ich den Satz: „Die Eltern ja, sie hatten Schlimmes erlebt, aber wir doch nicht. Wir waren Kinder! Das war für uns normal!"

Die meisten von ihnen waren in den 1990er Jahren noch berufstätig. Und ich dachte, warten wir ab, wenn ein Großteil von ihnen im Rentenalter ist und die Kindheit wieder näher rückt. So geschah es dann auch.

Westdeutschland kann eine umfangreiche Vertriebenenliteratur vorweisen. Doch über die Fluchtkinder – in meinen Augen die Schlüsselgeneration – steht dort kaum etwas. 14 Millionen Deutsche waren nach Kriegsende ohne Heimat.

Wer meine Bücher kennt, weiß, ich erzähle Geschichten. Hier lasse ich ein dutzend Menschen oder mehr zu Wort kommen. Warum so viele? Die Vielfalt vergrößert den Wiedererkennungswert. Auch wünsche ich mir, dass beim Lesen so etwas wie Gemeinschaftsgefühl entsteht. Um die Folgen von Katastrophen, die kollektiv verursacht wurden, aufzuspüren, brauchen wir Gemeinschaft. Im Austausch von persönlichen Erfahrungen werden trotz sehr unterschiedlicher Hintergründe der Familien kollektive Muster sichtbar. Das bestätigte auch eine ältere Deutsche, die mir vor vielen Jahren aus Griechenland schrieb. Ich erfuhr, eine Touristin habe mein Buch dagelassen, das sie daraufhin wieder und wieder gelesen habe. Und nun verfüge sie zum ersten Mal über Worte für das, was ihr in der Kindheit widerfuhr und was ihr ganzes Leben belastete. Das wolle sie mir schreiben. Hier ist ihr Brief, eine Bilanz, knapp und schnörkellos.

„Drei gesunde glückliche Kinder waren wir – geboren 1934, 1938, und ich die Jüngste 1939 – in Oberschlesien, bevor wir uns im so kalten Januar 1945 auf die Flucht begaben. Der Vater, kurz zuvor noch eben ‚eingezogen', wir haben ihn nicht wiedergesehen – ich kenne ihn nicht. Es geht eine Weile ganz gut, man funktioniert, natürlich gehorcht man der noch so jungen hilfsbedürftigen Mutter, Witwe und ohne Bezüge. In der Schule immer die besten Noten, immer sauber und ordentlich, bis dann spätestens um die Pubertät herum entweder alles zusammenbricht oder sich extreme Auswirkungen zeigen, um die sich niemand gekümmert hat, kümmern konnte. Mein Bruder Stotterer – meine Schwester biss sich die Fingernägel ab, bis fast nichts mehr vom Nagel zu sehen war, ich war Bettnässer, voller Angstträume, Schlafstörungen und Depressionen.

Aber man funktionierte weiter, das musste man, das gehörte sich so, um nur ja der Mutter keine Sorgen zu machen. Dann liefen die ganzen Fragen um unsere Berufswahlen schief – und für mich begannen über einen Zeitraum von 23 Jahren sehr lange, fünfmalige Psychiatrieaufenthalte mit schweren Depressionen. Die lange Ausbildung (stets als Jahrgangsbeste) blieb unabgeschlossen, und berufslos habe ich dann unter der Diagnose Vegetative Dystonie, mit Librium und Adumbran, meine jüngeren Jahre verbracht. Ich hielt mich mit Jobs über Wasser – immer mit der Sehnsucht nach dem Alter, wo es mir besser zu sein schien.

So war es dann auch, dank einer winzigen Frührente, seit ich 49 Jahre alt bin, und dem kleinen Erbe aus dem Lastenausgleich konnte ich mir hier ein letztes, geliebtes Zuhause schaffen – das war 1981, als Griechenland noch billig war. Ich lebe – wohl mit Depressionen, aber doch wie in einem Paradies, das ich immer noch wie ein großes Wunder täglich dankbar erfahre.

Zwar sehr allein, denn der Rest der Familie ist auseinandergebrochen (auch das eine Kriegsfolge). Beide Geschwister geschieden – ich hab's ja gar nicht erst probiert.

Nun verbleiben noch ein paar wenige Jahre mit großem Garten, mit Hühnern und Esel, mit Töpferstübchen zwischen den Blumen, mit dem Meer und einer grandiosen Landschaft."

Barbara W. aus Griechenland, damals 70 Jahre alt, beendete ihren Brief mit dem Satz: „Ich grüße Sie von hier aus und wünsche mir, dass Kinder überall auf dieser Welt im Kreis von Eltern und Familie heil aufwachsen dürfen."

Als die Fluchtkinder in West- und Ostdeutschland sich angepasst hatten, als sie gute Schulnoten heimbrachten, da waren die Eltern beruhigt. Es hatte also funktioniert, dass man den Kindern bei Kriegsende nahe gelegt hatte: „Vergiss alles. Sei froh, dass du lebst. Schau nach vorn." Daran haben sie sich gehalten. Was hätten sie auch sonst tun sollen... Den meisten Angehörigen der Kriegskindergenerationen gelang es, vor allem auch durch unermüdliches Arbeiten, ihre Schreckenserinnerungen auf Abstand zu halten. Das bedeutete aber nicht zwangsläufig ein unbelastetes Seelenleben.

Man erzählte vom Krieg, das schon, aber eher beiläufig. Dazu der Satz: „Das war für uns normal, das haben wir doch alle erlebt. So empfinden es Kinder." Diese gefühlte „Normalität" blieb also noch im Erwachsenenalter bestimmend.

Heute geht die Forschung davon aus: 8 bis 10 Prozent der Menschen dieser Jahrgänge sind psychisch krank. Sie leiden an einer posttraumatischen Belastungsstörung. Im Gegensatz dazu Vergleichszahlen aus der Schweiz: Hier sind in den Jahrgängen der Rentner und Ruheständler nur 0,7 Prozent betroffen.

Darüber hinaus gibt es noch weitere 25 Prozent älterer Deutsche, bei denen sich die Spätfolgen zwar weniger gravierend, aber immer noch deutlich zeigen. Sie sind, wie es der Traumaforscher Michael Ermann formulierte, „in ihrem psychosozialen Lebensgefühl eingeschränkt". Worin kann sich das ausdrücken?

Nummer 1: Angst vor Veränderungen – denn veränderte Lebensumstände setzen sie enorm unter Stress.
Nummer 2: Schwarz-Weiß-Denken
Nummer 3: Starkes Misstrauen
Nummer 4: Ein extremes Bedürfnis nach materieller Sicherheit.

Aus der Angst vor Veränderungen ergibt sich ein schlechter Kontakt zu der Welt der Jüngeren.

Von Anfang an interessierten mich nicht nur die Kriegskinder-Jahrgänge, sondern zugleich die folgende Generation. Ich wusste von der amerikanischen Forschung über die Kinder von Holocaustüberlebenden. Ich stellte mir die Weitergabe von Traumata bei den Kindern der Kriegskinder weniger gravierend vor, vermutete aber, ähnliche Muster vorzufinden. Ich wurde hellhörig, wenn mir in den 1990er Jahren 20- bis 35-Jährige von schlechten Beziehungen zu Mutter und Vater erzählten, oft mit dem Zusatz: „Meine Eltern wissen gar nicht, wer ich bin."

Die meisten Klagen der erwachsenen Kinder bezogen sich auf unbegreifliches Verhalten, verbohrte Sichtweisen und ein gänzliches Desinteresse an irgendeinem neuen Thema.

Fragte ich nach dem Hintergrund der Eltern, erfuhr ich zu 80 Prozent von erschütternden Kindheitsdramen: Da hatte ein Vater mit sieben Jahren die Zerstörung Kassels erlebt, eine Mutter war als Zwölfjährige mit ihrer Familie aus Ostpreußen geflohen. In den meisten Fällen wurde dies von deren Kindern nüchtern und knapp berichtet, der Fakt an sich, ohne Mitgefühl. Es deckte sich mit der Art und Weise, wie ich Kriegskinder über ihre frühen Schrecken hatte reden hören: unerschüttert, fast gefühlsfrei, jedenfalls in keiner Weise larmoyant. Kein Mitgefühl für sich selbst. Dazu der Satz: „Das war für uns normal, so was hat man eben weggesteckt." Oder: „Ach, das bisschen Krieg ..."

Wenn ich damals, in den 1990er Jahren, einem Menschen, der sich heute womöglich „Kriegsenkel" nennt, zu bedenken gab: „Vielleicht sind Ihre Eltern deshalb so, wie sie sind, weil sie als Kinder Schreckliches erlebt haben", herrschte eine Weile Schweigen. Dann kam jedes Mal der Satz: „Darüber habe ich noch nie in meinem Leben nachgedacht." – Und dabei blieb es. Es wurde nicht weiter darüber nachgedacht.

Das Jahr 2005 brachte die entscheidende Veränderung. Eine Gruppe von Angehörigen der Kriegskinderjahrgänge lud in Frankfurt zu dem ersten Kriegskinderkongress ein. Erwartet wurden 100 Teilnehmer, 600 kamen. Bis zu diesem Zeitpunkt hatten die Medien das Thema gemieden. Das war nun vorbei. Verlage veröffentlichten in rascher Folge Bücher, die ersten Seminare wurden angeboten und die Kinder der Kriegskinder wussten, wie man sich bei heiklen Themen das Internet zu Nutze macht.

Häufig drücken sich Folgen in Vermeidungsstrategien aus, gespeist aus der Angst vor Veränderungen. Denn, wie gesagt, Veränderungen setzen sie enorm unter Stress. Das erschwert den Kontakt zu den eigenen Kindern, weil die Eltern sich für deren Leben nicht zu interessieren scheinen.

„Meine Eltern wissen bis heute nicht, was ich beruflich mache", sagte eine promovierte Finanzexpertin, die in einem großen Automobilkonzern Karriere gemacht hatte. „Meine Eltern sagen: Unsere Tochter verkauft Autos."

Kein Wunder, dass manchen Kindern die Idee kam, ihre Eltern seien nie erwachsen geworden. Sie sehen und fühlen das Eingeschränkte bei ihren Eltern. In solchen Familien ist die Verständigung schwer, sehr schwer.

Die Kriegsenkel schilderten relativ normale Familienverhältnisse. Doch auffallend oft hörte ich sie über sich sagen, ihnen fehle der feste Boden unter den Füßen. Auch meldeten sich Menschen, denen es erst in der Mitte ihres Lebens gelungen ist, sich von ihren Eltern abzunabeln, und von solchen, die noch immer darum kämpfen, sich *nicht* von Mutter oder Vater steuern zu lassen. Häufig wurde mir berichtet, dieses Gefühl, für das Glück ihrer Eltern verantwortlich zu sein, durchziehe ihr ganzes Leben und sei schon in der Kindheit dagewesen.

Fast alle *Kinder* der Kriegskinder, die in meinem Buch „Kriegsenkel" zu Wort kommen, berichten von einem Mangel an Wärme in ihren Herkunftsfamilien. Die Kriegsenkel berichteten mir in E-Mails von einem verunsicherten Lebensgefühl, die sich aus ihrer eigenen Biografie nicht erklären ließ, ebenso die nicht unauflösbaren Ängste und Blockaden.

Manche hatten sich von den Schreckensgeschichten der Vertreibung geradezu überschüttet gefühlt, die meisten aber hatten nur dunkle Andeutungen gehört. Sie berichteten davon, wie stark Mutter und Vater – Angehörige der dreißiger und vierziger Jahrgänge – durch den Verlust der Heimat Zeit ihres Lebens belastet blieben.

Ich glaube, es ist Zeit, in eine dieser Familie hineinzuschauen. Wenn ich früher an die Schneiders dachte, sah ich sie als eine der typischen Familien, wie nur Deutschland sie hervorbringen kann. Ein großer Irrtum. 2015 wurde zu einer Tagung in Sarajevo eingeladen, wo ich ebenfalls die Schneiders vorstellte. Menschen aus zwölf Nationen haben ihre Geschichte gehört und sie verstanden. Hier ist sie.

Als ich im heißen Sommer 2003 an meinem Buch über die Kriegskinder arbeitete, fielen mir immer wieder die Schneiders ein. In meiner früheren Nachbarschaft wohnten sie zwei Stockwerke unter mir, ältere Leute, die fast täglich von ihren Kindern besucht wurden. Diese waren zwischen dreißig und vierzig Jahre alt.

Vor allem die zwei ältesten Kinder schauten nicht mal eben vorbei, sondern tranken mit ihnen Kaffee und erzählten vom Tage. Sie taten es noch, während sie sich im Flur verabschiedeten. Was für ein ungewöhnlicher Zusammenhalt, dachte ich. Als ich einmal Frau Schneider darauf ansprach, sagte sie strahlend: „Gott sei Dank sind wir eine heile Familie!"

Sie war eine kleine, runde Frau mit grauen Löckchen und schnellen Bewegungen. Unsere kurzen Kontakte erwiesen sich in der Summe als ergiebig, so dass ich nach und nach mehr über die Schneider Familie erfuhr. Deren Gespräche drehten sich in erster Linie darum, wie der Alltag zu regeln war. Hilfsbereitschaft stellte den größten gemeinsamen Wert dar. Niemand wurde im Stich gelassen, wenn sein Auto versagte, wenn er arbeitslos wurde oder der Ehepartner ihn verlassen hatte.

Der Vater war Verwaltungsbeamter im vorzeitigen Ruhestand, herzkrank, Infarktpatient. Schlechte Nachrichten, erfuhr ich, seien möglichst von ihm fernzuhalten. Auch Mutter Schneider, eine Hausfrau, war in den Augen ihrer Kinder wenig belastbar. Wann immer man in ihrer Gegenwart ein schwieriges Thema ansprach, schossen ihr die Tränen in die Augen. Ich habe es selbst gelegentlich erlebt, zum Beispiel, als ich ihr erzählte, dass der Blumenladen an der Ecke schließen würde.

Man durfte ihr offenbar nichts Negatives zumuten. Auch keine „Problemfilme" im Fernsehen. Am besten entspannte sie sich durch leichte Musik und Kreuzworträtsel. Sie war eine liebe, herzliche Person. Niemand wollte ihr wehtun. Also wurde geschwiegen.

Ich vermute, die Tragik der Schneiders war, dass die Mutter alle in Schach hielt. Sie war es, die bestimmte, welche Themen erlaubt waren und welche nicht. Ganz sicher war es nicht erlaubt, offen darüber zu sprechen, obwohl alle Kinder es wussten – dass die Tochter nur deshalb ständig knapp bei Kasse war, weil sie einem Liebhaber immer wieder mit beachtlichen Summen unter die Arme griff. Für die Eltern war „ihre Doris" jemand, der nun mal nicht mit Geld umgehen konnte, weshalb bereitwillig ihr Bankkonto ausgeglichen wurde. Außerdem riskierte niemand, laut zu sagen, was der Vater vielleicht ahnte und was die drei Geschwister definitiv wussten: dass der jüngste Sohn regelmäßig Drogen nahm. Einmal nachts, als ich ihn in der Eckkneipe traf, hatte mir Klaus auch die Begründung genannt: „Die Atmosphäre am Familientisch kann ich eigentlich nur breit ertragen." Darum war er der einzige, der sich den Ritualen gelegentlich entzog. Immer mit Ausreden, nicht durch Abgrenzung. Auf Drogensucht wäre man bei ihm nicht ohne weiteres gekommen. Ein unauffälliger, bieder gekleideter Mann von Mitte dreißig, Versicherungsvertreter, verheiratet, ohne Kinder.

Die anderen Geschwister waren ebenfalls kinderlos, allerdings schon wieder geschieden. Sie schienen grundsätzlich Pech zu haben in ihren Beziehungen. Die jeweiligen Ehepartner waren mit großer Herzlichkeit in die Familie aufgenommen worden. Zuwendung und Hilfsbereitbereitschaft hatten sie auf geradezu überwältigende Weise erfahren. Aber als die Ehen in die Brüche gingen, wurden die Schwiegertochter und der Schwiegersohn regelrecht verstoßen. Sie allein waren schuld, dass die Beziehung nicht gehalten hatte. Auch fielen alle anderen Menschen in Ungnade, die in dieser Frage nicht hundertprozentig die Schneider-Linie vertraten.

Wie Klaus, der Jüngste, mir bei unseren Kneipengesprächen enthüllte, lag bei den Schneiders das Versagen stets außerhalb ihrer Familie. Immer waren sie die Opfer. Überall kamen sie zu kurz. Die Eltern sprachen immer häufiger wie Rechtsextreme. Klaus schwieg dazu. Mutter und Vater hatten als junge Menschen die DDR noch vor dem Mauerbau verlassen. Dort waren sie als Erben des antifaschistischen Widerstandes erzogen worden. Sie kannten als Deutsche keine Schuldgefühle. Im Westen war es anders. Während die Kriegserwachsenen jede Schuld abwehrten, gaben sie unbewusst ihre Schuldgefühle an die eigenen Kinder weiter. Jeder, der im Westen zwischen 1940 und 1960 geboren wurde, machte seine Erfahrungen mit dem Phänomen der sogenannten „stellvertretenden Schuld". Viele blieben jahrzehntelang davon belastet, was sie zu hellhörigen Demokraten machte und sie gegen braun eingefärbte Politik immunisierte. Mit solchen „Linken", wie die Schneiders sie nannten, wollten sie nichts zu tun haben. Für sie ergab sich reichlich Gesprächsstoff beim Essen, wenn man sich gemeinsam darüber aufregte, wie unverschämt sich der oder die verhalten hätte, wie ungerecht der Chef des Sohnes sei, wie die Tochter von ihrer Abteilungsleiterin gedeckelt werde, wie überhaupt die Welt schlecht sei und warum eine rotgrüne Regierung Deutschland in die Katastrophe führe. Da entpuppten sich freundliche, rechtschaffene Menschen als feindselige, rachsüchtige Charaktere.

Einmal hatte ich dem ältesten Sohn geholfen, seinen Wagen zur Werkstatt abzuschleppen. Man sagte uns dort, das Auto würde sofort repariert, wir könnten darauf warten. Peter machte auf mich einen schüchternen Eindruck. Als ich ihn nach seinem Beruf fragte, wich er aus und murmelte etwas von Import-Export. Von Klaus hatte ich erfahren, ihre Eltern hätten nie so recht verstanden, warum aus ihrer Kinderschar nicht wenigsten ein Akademiker hervorgegangen war. Immerhin besaßen Mutter und Vater Abitur, aber die drei Kinder schafften gerade mal die mittlere Reife.

„Mutter bekommt sofort feuchte Augen, wenn es um unsere Schulschwierigkeiten von früher geht", hatte Klaus gesagt. Einmal erlebte er, dass seine Mutter von einem Bekannten gefragt wurde, ob sie eine Erklärung für das Schulversagen ihrer Kinder habe, und sie hatte geantwortet: „Sie waren wohl Spätzünder…" Gleich alle drei? Wie war das möglich?

Frau Schneider stammte aus dem Sudetenland. Als sie fünf Jahre alt war, wurde ihre Familie vertrieben. Ihr Mann, drei Jahre älter, ein schlesisches Flüchtlingskind, überlebte die Zerstörung Dresdens. Wie man sich leicht vorstellen kann, gehörte die Kriegskindheit der Eltern zu den Tabuthemen in der Familie. Die Söhne und die Tochter wären nie auf die Idee gekommen, dass sie durch die Vergangenheit ihrer Eltern belastet sein könnten. Als ich Klaus einmal einen kleinen Hinweis geben wollte, wechselte er sofort das Thema. Offenbar spielte jeder der Schneiders „Blindekuh" – mit schlimmen Folgen.

Keines der drei erwachsenen Kinder kam zu einem eigenen, selbständigen Leben. Der jüngste Sohn nahm Drogen, der Älteste verlor zweimal im Jahr seine Arbeitsstelle, die Tochter betrog ihre Eltern, die Mutter drohte ständig mit Tränen und der Vater würde bald sterben. Und alle hielten sich an der Devise fest: „Gott sei Dank sind wir eine heile Familie!"

Wir alle kennen Familien mit erwachsenen Kindern, denen der Start ins eigene Leben nicht gelingt. Man fragt sich warum, denn die Eltern und Kinder machen von außen einen sympathischen Eindruck. Die Schneiders sind eine klassische Burgfamilie, ein besonders häufiges Muster bei Vertriebenenhintergrund. Aber nicht nur dort. Die Schneiders, eine Familie unter Stress. Für die Nachkommen bedeutet es: Es ist schwer, sich von den Eltern abzunabeln. Man darf seinen eigenen Weg nicht gehen. Wer es dennoch versucht, leidet häufig unter kaum auflösbaren Schuldgefühlen. Im Gegensatz zum Bild der Burgfamilie habe ich mir das Bild der Hafenfamilie ausgedacht. Die Hafenfamilie sagt: Der Hafen ist unser Schutz, aber er erlaubt auch, mit Fremden Kontakt zu haben. Wir brauchen diesen Austausch für unsere Entwicklung und für gute Geschäfte. Ich habe immer wieder beobachtet, dass erwachsene Kinder, die in Hafenfamilie aufwuchsen, dann, wenn ein neuer großer Entwicklungsschritt oder Lebensabschnitt anstand, zurückkamen und eine Hafenrunde machten, wie ich das nenne. Da kommt dann ein Anruf bei den Eltern: Ich möchte gern etwas mit euch besprechen, ich möchte mir gern ein paar Tage Zeit dazu nehmen. Wann passt es euch?

Solche Eltern gehören bis in ihr hohes Alter zum Beraterkreis ihrer Kinder. Es hat sich bewährt, dass sie ihren Kindern den Segen gaben, als diese ihre eigenen Wege gingen. Das kann Familien über Generationen stärken.

Als das Buch *Kriegsenkel* 2009 erschien, war „Kriegsenkel" in den Medien noch ein unbekannter Begriff. Er stammt aus den Reihen der Kinder der Kriegskinder. Dahinter stand der Wunsch, bislang unbeachteten Gemeinsamkeiten ihrer Generation eine Überschrift zu geben. Sich als Kriegsenkel zu definieren, sprach sich herum. Netzwerke entstanden und verbreiteten die Erkenntnis, dass sich die Spuren kollektiver Katastrophen und Scham nur gemeinschaftlich entdecken lassen. Also eine Graswurzelbewegung, also eine Bewegung von unten. Wer den Begriff nicht kennt, sollte ihn googeln. Es ist erstaunlich, wie oft er auftaucht.

Als ab dem Herbst 2015 parallel zu der Welle der Hilfsbereitschaft in einer Gegenbewegung die Flüchtlinge massiv angefeindet wurden, war ich nicht überrascht. Ich besuchte entsprechende Familien und stellte jedes Mal fest: Hier hatte bei den Kriegskindern wie auch bei den Kriegsenkeln die emotionale Aufarbeitung der unheilvollen deutschen Vergangenheit nicht stattgefunden. Als Menschen, die ***keine*** Nazis waren, verschafften sie einer rechtsextremen Partei enormen Zulauf, weil sie sich nur dort mit ihrer Ablehnung von Flüchtlingen bestätigt fühlten. Ich glaube nicht einmal, dass in den meisten Fällen dahinter die Angst vor den Fremden steckt. Es war das Thema Flucht und Elend der Flucht, das sie in Panik versetzte, was sie Zeit ihres Lebens auf Abstand halten konnten.

Den Anstoß zu meinen Besuchen bei den altgewordenen Fluchtkindern bekam ich in zahlreichen E-Mails von Kriegsenkeln, einige sogar aus Ostdeutschland. Darin stand inhaltlich immer das Gleiche: Mutter und Vater sehen nur das Leid ihrer Eltern. Doch sie selbst haben ihr eigenes Leid als Fluchtkinder nie an sich herangelassen. Darum klingt es so herzlos, wenn sie sagen: „Wir haben früher auch alles verloren. Für unsereins war auch keine Hilfe da und wir haben es hingekriegt – die Flüchtlinge sollen sich nicht so anstellen."

Woher wusste ich, dass diese alt gewordenen Fluchtkinder keine Nazis waren? Einfach deshalb, weil ich mit echten Nazis aufgewachsen bin. Meine Eltern, deren Freunde, einige wenige Verwandte. Mit den meisten anderen Verwandten waren sie verkracht. Vater und Mutter hingen dem braunem Gedankengut an, fast bis zu ihrem Tod. Sie waren im überfallenen Osten Kriegsgewinnler gewesen. Als junge Leute hatten sie sich von Westdeutschland gen Osten aufgemacht und im großen Umfang vom NS-Regime profitiert. Sie hatten im Krieg ihre beste Zeit und waren frustriert, als 1945 alles verloren ging. Ich bin umgeben von Geheimnissen aufgewachsen. Das habe ich schon früh gespürt. In meinem Elternhaus war es so wie in den meisten Familien, einiges wurde erzählt von früher, das Wesentliche wurde verschwiegen. Immer schwang mit, dass sie wie alle anderen Deutschen in erster Linie Opfer waren.

Die Themen Flucht und Vertreibung spielten in der westdeutschen Geschichtsforschung der Nachkriegszeit eine große Rolle. In den 1970er Jahre kam es in Westdeutschland zu einem Paradigmenwechsel. Sich als Deutscher öffentlich als Opfer darzustellen, war nun kulturell nicht mehr erwünscht. An die Stelle der Forschung mit dem Schwerpunkt Vertreibung trat die Erforschung des Nationalsozialismus, des Vernichtungskriegs und des Massenmords an den europäischen Juden, eine Aufarbeitung, die sich ab den 1980er Jahren vehement fortsetzte. Eine jüngere Generation war angetreten, um Antworten auf die Frage zu finden: Wie konnte das geschehen?

Das Ergebnis war so, wie ich es mir in meiner Jugend nie hätte vorstellen können. Die Bundesrepublik Deutschland wurde nach und nach wieder geachtet und in den Kreis der Nationen aufgenommen.

Die Aufarbeitung war vor allem das Werk von Historikern und Publizisten. Es geschah akademisch, nicht emotional, wie zum Beispiel in Südafrika. In den allermeisten Familien dominierte weiterhin das Schweigen. Wenig wurde über das erlittene Leid gesprochen, und schon gar nicht über schuldhafte Verstrickungen in das NS-Regime. Die Nachgeborenen hörten kaum mehr als düstere Andeutungen und Legenden, die einen Nazi-Opa in einen Antinazi-Opa verwandelten.

Viele Kriegsenkel kommen erst dann, wenn sie in einer Lebenskrise feststecken, darauf, dass sie Erben von Kriegsfolgen sind. Da sind Spannungen, Misstrauen und Geheimnisse – verursacht durch das große Schweigen: in Bezug auf die NS-Vergangenheit, in Bezug auf verdeckte Konflikte innerhalb einer Familie, möglicherweise Verrat und das Leiden durch Bombenkrieg, Flucht und Vertreibung, Vergewaltigung, Tote in der eigenen Familie, der Verlust der Heimat, des Vermögens. Ein Schweigen, das den Schmerz und die Scham auf Abstand halten sollte. Ein Schweigen, das den guten Namen der Familie schützen sollte. Das große Schweigen – es kann uns bis heute schaden. Bei der Arbeit an meinem Buch über die Kriegsenkel wurde deutlich: In den meisten Familien hatten keine Dramen stattgefunden. Aber wie beschreibt man die stillen Dramen?

Das war für mich als Autorin die größte Herausforderung. Meine Aufgabe bestand darin, etwas völlig Unspektakuläres darzustellen, etwas Unsichtbares – ein Vakuum. Ich hörte von Familiengeschichten mit deutlichen Parallelen zwischen den Generationen: Die durch den Krieg belasteten Kinder wurden mit ihrem Leid allein gelassen, und auch viele Kriegsenkel erfuhren, dass ihre Ängste und inneren Nöte von den Eltern nicht ernst genommen wurden. Der verstorbene Altersforscher und Psychoanalytiker Hartmut Radebold, selbst ein Kriegskind, sagte über die Beziehungen der Kriegskinder zu ihren Kindern: „Wahrscheinlich konnten diese Eltern nur wenig auf die psychischen Bedürfnisse ihrer Kinder eingehen und erwarteten, dass diese angesichts der eigenen bedrückenden Biografie mit ihren so ‚durchschnittlichen' Probleme und Konflikten in Kindheit und Pubertät selbständig zurechtkämen."[1]

[1] Radebold, Hartmut: *Kindheit im II. Weltkrieg und ihre Folgen.* Gießen 2003, S. 14.

In Deutschland habe ich über die Jahre mit Freude beobachtet, wie der Nebel sich allmählich lichtet, und mit Freude gehört, dass auf Familientreffen immer häufiger erstaunlich offen über die Vergangenheit geredet wird. Hier hat sich das Verhältnis zwischen den Generationen und auch unter Geschwistern deutlich entspannt.

Unzählige Menschen zwischen 40 und 60 stellen ihren alten Eltern unbequeme Fragen, und wenn diese dazu schweigen – was ihr gutes Recht ist –, forschen sie in der Verwandtschaft nach und in Archiven. Sie tauschen sich in Selbsthilfegruppen und in Netzwerken aus. Sie tun es, weil sich herumspricht, wie befreiend es sein kann, wenn Familiengeheimnisse keine Verwirrung mehr stiften. Als sie den Gespenstern der Vergangenheit endlich ins Gesicht blickten, hatten diese keine Macht mehr über sie.

Ich komme zum Schluss mit einem Wunsch. Ich wünsche mir, dass die Generation der ukrainischen Kriegs- und Fluchtkinder in Zukunft sehr viel früher von der Gesellschaft wahrgenommen wird als die Kinder des Zweiten Weltkriegs. Der passende Zeitpunkt könnte etwa 20 Jahre nach dem Friedensdatum sein, wenn die Kinder erwachsen sind. Dann werden hoffentlich in jährlichen Gedenktagen behutsam, aber gezielt ihre Entbehrungen und Schreckenserlebnisse angesprochen. Denn von ihren Eltern hören sie nie: Du hattest so viel Angst. Du hast gehungert. Ein Soldat hat dir deine Puppe weggenommen. Sie schweigen.

Weil für Eltern auf der ganzen Welt der Gedanke unerträglich ist, dass sie ihre Kinder nicht schützen konnten.

Diejenigen, die die Bombenangriffe, die Zerstörungen, die vielen Toten noch am eigenen Leib erlebt haben, wie dieser Junge in den letzten Kriegstagen 1945 in Freudenstadt, sind längst im Ruhestand, die eigenen Kinder sind aus dem Haus und die Enkel schon fast erwachsen. Aber erst jetzt kommen bei vielen aus der Kriegskindergeneration die Erinnerungen allmählich hervor und mit ihnen auch Ängste und unverarbeitete Kriegserlebnisse. Psychoanalytiker sprechen von einer „verschwiegenen, unentdeckten Welt“. So wurde eine ganze Generation geprägt durch Parolen wie „Sei froh, dass Du überhaupt überlebt hast“ und besänftigt durch „Andere haben es noch viel schlimmer gehabt als ihr“. Das hat in vielen Familie Spuren bis in die zweite und dritte Generation hinterlassen. Die Autorin Sabine Bode hat in ihren Büchern „Die vergessene Generation“, „Nachkriegskinder“ und „Kriegsenkel“ diese Thematik aufgenommen und hinterfragt.

Hamburgs Katastrophe im Bombenkrieg. Das „Unternehmen Gomorrha“ als politischer Wendepunkt.
Ursula Büttner

1 Bei diesem Beitrag handelt es sich um eine überarbeitete Fassung meines Aufsatzes: „Gomorrha“ und die Folgen. Der Bombenkrieg, in: Forschungsstelle für Zeitgeschichte in Hamburg (Hrsg.): Hamburg im „Dritten Reich“, Göttingen 2005, S. 613–632; als längere Studie mit detaillierten Quellennachweisen vgl. Ursula Büttner: „Gomorrha“: Hamburg im Bombenkrieg. Die Wirkung der Luftangriffe auf Bevölkerung und Wirtschaft, Hamburg 1993.

2 Zur Bedeutung des Ereignisses in der Erinnerungskultur vgl. die ausgezeichnete Untersuchung von Malte Thießen: Eingebrannt ins Gedächtnis. Hamburgs Erinnerung an Luftkrieg und Kriegsende 1943 bis 2005, Hamburg 2007.

3 Zitiert nach Olaf Groehler: Bombenkrieg gegen Deutschland, Berlin 1990, S. 9. – Aus der umfangreichen Literatur zum Luftkrieg gegen Deutschland seien drei grundlegende Arbeiten genannt: Horst Boog: Strategischer Luftkrieg in Europa und Reichsluftverteidigung 1943–1944, in: Militärgeschichtliches Forschungsamt (Hrsg.): Das Dritte Reich und der Zweite Weltkrieg, Bd. 7: Das Deutsche Reich in der Defensive, Stuttgart / München 2001, S. 3–415; Rolf-Dieter Müller: Der Bombenkrieg 1939–1945, Berlin 2004; aus britischer Sicht: Robin Neillands: Der Krieg der Bomber. Arthur Harris und die Bomberoffensiv der Alliierten 1939–1945, Berlin 2002, dort S. 259–275 über den Großangriff auf Hamburg.

4 Groehler, Bombenkrieg (wie Fußnote 3) , S. 24.

5 Charles Webster, Noble Frankland: The Strategic Air Offensive against Germany 1939–1945, Bd. 2, London 1961, S. 12.

6 Die Menschenverluste der Hansestadt Hamburg im 2. Weltkrieg, in: Hamburg in Zahlen, Jg. 1951, H. 26, S. 3.

7 Arbeitsbucherhebung vom 15. August 1941 im Bezirk des Landesarbeitsamts Nordmark (nur für den inneren Dienst), in: Forschungsstelle für Zeitgeschichte in Hamburg (künftig: FZH), Bibliothek. Der Anteil der ausländischen Arbeitskräfte belief sich auf ca. 5 %.

8 Die Fakten finden sich in der grundlegenden Studie von Hans Brunswig: Feuersturm über Hamburg. Die Luftangriffe auf Hamburg im 2. Weltkrieg und ihre Folgen, Stuttgart 1978, S. 39–50, 450 (Neuauflage: Stuttgart 2003); vgl. ferner: Uwe Bahnsen, Kerstin von Stühmer: Die Stadt, die sterben sollte. Hamburg im Bombenkrieg, Juli 1943, Hamburg 2003; Christian Hanke, Joachim Paschen: Hamburg im Bombenkrieg 1940–1945. Das Schicksal einer Stadt, 3. Aufl. Hamburg 2003; Renate Hauschild-Thiessen: Die Hamburger Katastrophe vom Sommer 1943 in Augenzeugenberichten, Hamburg 1993; Christoph Kucklick: Feuersturm. Der Bombenkrieg gegen Deutschland, Hamburg 2003, S. 62–128 (mit großem Bildteil); Volker Hage: Hamburg 1943. Literarische Zeugnisse zum Feuersturm, Frankfurt a. M. 2003; aus britischer Perspektive: Martin Middlebrook: Hamburg Juli ’43. Alliierte Luftstreitkräfte gegen eine deutsche Stadt, Berlin / Frankfurt a. M. 1983.

9 Bericht des Polizeipräsidenten in Hamburg als Örtlicher Luftschutzleiter über die schweren Großluftangriffe auf Hamburg im Juli / August 1943. Erfahrungen, Teil 1: Berichtsband (1.12. 1943), Teil 2: Anlagen, in: FZH, Archiv: 292-81; in großen Teilen abgedruckt bei: Erhard Klöss (Hrsg.): Der Luftkrieg über Deutschland 1939–1945, München 1963, S. 35–108.

10 Berechnet aus den Angaben im Bericht des Polizeipräsidenten (wie Fußnote 9) und dem Ergebnis der Volkszählung am 17.5.1939 (Statistisches Landesamt (Hrsg.): Statistisches Jahrbuch 1952 für die Freie und Hansestadt Hamburg, Hamburg 1953, S. 13).

11 Berechnung wie in Fußnote 10. Zur Entwicklung des Luftschutzes: Brunswig, Feuersturm (wie Fußnote 8), S. 165–189; Bericht des Polizeipräsidenten (wie Fußnote 9), S. 1.

12 Das zeigt das Tagebuch von Bürgermeister Carl Vincent Krogmann: Auszüge 1943, in: FZH, Archiv: 292-1.

13 Außer in den in Fußnote 8 genannten Spezialstudien wird das „Unternehmen Gomorrha“ in allen Darstellungen des Luftkriegs gegen Deutschland ausführlich behandelt.

14 Bei dieser Angabe folge ich Brunswig, Feuersturm (wie Fußnote 8), S. 402, dessen Argumentation gegen die höheren amtlichen Zahlen mir schlüssig erscheint.

15 Bericht des Polizeipräsidenten (wie Fußnote 9), Berichtsband, S. 51.

16 Bericht des Polizeipräsidenten (wie Fußnote 9), Berichtsband, S. 131.

17 Carl Vincent Krogmann: Die Hamburger Katastrophe von 1943, Tagebuchauszüge, S. 2f–g, in: FZH, Archiv: 292-1.

18 Das beobachtete schon Hans Erich Nossack: Der Untergang. Hamburg 1943, Hamburg 1981, S. 63f.

19 Die zitierten Dokumente finden sich bei Brunswig, Feuersturm (wie Fußnote 8), S. 206 und in: FZH, Archiv: 292-8; Aufruf vom 28.7.1943 abgedruckt bei Büttner, „Gomorrha“ (1993, wie Fußnote 1), S. 29.

20 SD-Bericht vom 11.10.1943, in: Heinz Boberach (Hrsg.): Meldungen aus dem Reich 1938–1945. Die geheimen Lageberichte des Sicherheitsdienstes der SS, Herrsching 1984, Bd. 15, S. 5867f. Bericht des Polizeipräsidenten (wie Fußnote 9), Berichtsband, S. 126; Protokoll der Geschäftsführerbesprechung der

Gauwirtschaftskammer Hamburg am 17.9.1943, S. 3, in: FZH, Archiv: 227-11.

21 Vortrag des Höheren SS- und Polizeiführers, Graf von Bassewitz-Behr, bei einem Besuch Himmlers in Hamburg am 13.8.1943, S. 15 mit Anlage: Bericht über den „Einsatz der Sicherheitspolizei", S. 4 (Persönlicher Stab des Reichsführers SS, National Archives Washington, Film: Serie T 175, Rolle 74, 592674ff.).

22 Krogmann, Hamburger Katastrophe (wie Fußnote17), S. 1f.; Bassewitz-Behr, Vortrag (wie Fußnote 21), S. 15 und Anlage: Einsatz der Sicherheitspolizei, S. 2.

23 Nossack, Untergang (wie Fußnote 18), S. 64f.; Einsatz der Sicherheitspolizei (wie Fußnote 21), S. 4.

24 Marie Luise Solmitz, Tagebuchaufzeichnung, 6. 8. 1943, in: FZH, Archiv: 11 S. 13.

25 SD-Berichte vom 2.8., 5.8. und 9.8.1943, in: Boberach, Meldungen (wie Fußnote 20), Bd. 14, S. 5563, 5575, 5582. Die Polizei schritt nicht einmal ein, als Parteimitglieder als „Mörder" beschimpft und ihnen die Abzeichen abgerissen wurden, vgl. Mathilde Wolff-Mönckeberg: Briefe, die sie nicht erreichten. Briefe einer Mutter an ihre fernen Kinder in den Jahren 1940–1946, hrsg. v. Ruth Evans, Hamburg 1980, S. 92.

26 Tagebucheintragung des Stabschefs des Wehrkreises X, Oberst Ernst Ebeling, 6.8.1943, in: FZH, Archiv: 11 E 1, S. 72.

27 SD-Bericht vom 2.8.1943, in: Boberach, Meldungen (wie Fußnote 20), Bd. 14, S. 5562f.

28 Nossack, Untergang (wie Fußnote 18), S. 63.

29 SD-Berichte vom 29.7., 2.8. und 5.8.1943, in: Boberach, Meldungen (wie Fußnote 20), Bd. 14, S. 5546, 5563, 5570, 5572; Nossack, Untergang (wie Fußnote 18), S. 65; Berichte mehrerer Hamburger Pastoren und zusammenfassendes Schreiben des Landesbischofs Franz Tügel an Pastor Schümke vom 11.11.1943, in: Landeskirchliches Archiv der Evangelisch-Lutherischen Kirche in Norddeutschland (Kiel): 32.01 (Landeskirche Hamburg, Landeskirchenamt Kanzlei), Nr. 1391 I.

30 SD-Bericht vom 9.8.1943, in: Boberach, Meldungen (wie Fußnote 20), Bd. 14, S. 5583.

31 SD-Bericht vom 5.8.1943, in: Boberach, Meldungen (wie Fußnote 20), Bd. 14, S. 5571, ferner S. 5578f.

32 SD-Bericht vom 9.8.1943, in: Boberach, Meldungen (wie Fußnote 20), Bd. 14, S. 5583.

33 Karl Kaufmann, Bei Hitler in Rastenburg. August 1943. Bericht über Hamburgs Katastrophe, in: FZH, Archiv: 11 K 21.

34 Vgl. Kerstin Siebenborn-Ramm: Die „Butenhamborger". Kriegsbedingte Migration und ihre Folgen im und nach dem Zweiten Weltkrieg, Hamburg 1996, S. 61–84, zur Situation in den Aufnahmegebieten S. 111–163.

35 Heinrich Asch, Vortrag vor der Gauwirtschaftskammer Danzig-Westpreußen am 29.11.1943, FZH, Archiv: 292-1.

36 Bericht des Polizeipräsidenten (wie Fußnote 9), Berichtsband, S. 152–158.

37 Andreas Meyhoff: Blohm & Voß im „Dritten Reich". Eine Hamburger Großwerft zwischen Geschäft und Politik, Hamburg 2001, S. 415–461.

38 Industrieabteilung der Gauwirtschaftskammer Hamburg, Vermerk vom 17.9. über eine Geschäftsführerbesprechung am 14.9.1943, in: FZH, Archiv: 227-11.

39 Ernst Hieke: H. C. Stülcken Sohn. Ein deutsches Werftschicksal, Hamburg 1955, S. 146–165; Howaldtswerke Hamburg A. G.: Entstehung und Entwicklung unseres Werkes, Hamburg 1952, S. 73; Hans Georg Prager: Blohm & Voß. Schiffe und Maschinen für die Welt, Herford 1977, S. 251–262; Meyhoff, Blohm & Voß (wie Fußnote 37).

40 Humann, Aktennotiz für einen Vortrag des Generalkommissars für die gesamte Wirtschaft beim Reichsstatthalter, 13.1.1944; Dyes (Industrieabteilung der Gauwirtschaftskammer), Material für eine Rede ihres Leiters, Rudolf Blohm, vor der Hamburger Industrie am 14.1.1944, beide Dokumente in: FZH, Archiv: 11 A 1.

41 Heinrich Asch, Vortrag vor der Gauwirtschaftskammer Danzig-Westpreußen am 29.11.1943, FZH, Archiv: 292-1.

42 Industrieabteilung der Gauwirtschaftskammer, Sammelrundschreiben Nr. 17, 27.11.1943, in: FZH, Archiv: 227-11; Sch[unck], Vermerk: „Allgemeine Fürsorgepflicht für die Belegschaft", 13.1.1944, ebenda: 11 A 1; Asch, Vortrag, 29.11.1943 (wie Fußnote 41).

43 Sch[unck], Vermerk, 13.1.1944 (wie Fußnote 42).

44 Brunswig, Feuersturm (wie Fußnote 8), S. 455f. (Tabelle).

45 Beitrag der Industrieabteilung der Gauwirtschaftskammer zum wirtschaftlichen Lagebericht für November / Dezember 1944, in: FZH, Archiv: 227-11.

46 Beitrag der Industrieabteilung der Gauwirtschaftskammer zum wirtschaftlichen Lagebericht für Februar bis April 1944, S. 2, in: FZH, Archiv: 227-11.

47 Beiträge der Industrieabteilung der Gauwirtschaftskammer zum wirtschaftlichen Lagebericht für November / Dezember 1944, S. 2 und zum Lagebericht für Januar / Februar 1945, S. 2 und 11, in: FZH, Archiv: 227-11.

48 Heinsohn: Die Menschenverluste der Hansestadt Hamburg im 2. Weltkrieg, in: Hamburg in Zahlen 1951, H. 26, S. 1–12; die niedrigeren Zahlen über die Luftkriegsopfer nach Brunswig, Feuersturm (wie Fußnote 8), S. 402, vgl. Fußnote 14.

49 Heinsohn: Wie viele Menschen wurden in Hamburg ausgebombt? Eine Schätzung, in: Hamburg in Zahlen 1948, Nr. 13, S. 1–3.

50 Heinsohn: Die Butenhamburger, in: Hamburg in Zahlen 1951, H. 19, S. 7; vgl. Siebenborn-Ramm, „Butenhamborger" (wie Fußnote 34), S. 98.
51 Brunswig, Feuersturm (wie Fußnote 8), S. 408.
52 Bevölkerung und Haushaltungen in der Hansestadt Hamburg nach der Gebietseinteilung vom 11. Mai 1951, in: Hamburg in Zahlen 1951, H. 27, S. 1–9.

Bomben im Gedächtnis der Stadt. Erinnern an „Operation Gomorrha" von 1943 bis 2023
Malte Thießen

1 Rundbrief Ernst Bauer, Ende Oktober 1943, in: Kirchenkreisarchiv Alt-Hamburg, NL Boltenstern, 3.
2 Eintrag von Goebbels am 5. August 1943, in: Elke Fröhlich (Hrsg.), Die Tagebücher von Joseph Goebbels – sämtliche Fragmente, Teil II: Diktate 1941–1945, Bd. 9: Juli – September 1943, München 1993, S. 220.
3 Joachim Szodrzynski, Die „Heimatfront" zwischen Stalingrad und Kriegsende, in: Forschungsstelle für Zeitgeschichte in Hamburg (Hrsg.), Hamburg im „Dritten Reich", Göttingen 2005, S. 633–685, Zitate S. 647 und 655. Vgl. die nach wie vor wichtige Pionierstudie von Ursula Büttner, „Gomorrha": Hamburg im Bombenkrieg. Die Wirkung der Luftangriffe auf Bevölkerung und Wirtschaft, Hamburg 1993 sowie den Beitrag von Ursula Büttner in diesem Band.
4 Vgl. Rundschreiben der Hauptverwaltung, 15.11.1943, in: Staatsarchiv Hamburg (im Folgenden: StAHH), 131-3, B 57; Rundschreiben des GPA Hamburg, 09.11.1943, in: StAHH, 131-4, 1943 A 9 / 48.
5 HFB, Hamburg gedenkt seiner Gefallenen, 20.11.1943.
6 Beide Zitate n. Malte Thießen, Eingebrannt ins Gedächtnis. Hamburgs Gedenken an Luftkrieg und Kriegsende 1943 bis 2005, München 2007, S. 72, 76.
7 HE, Hamburg wurde 213mal bombardiert, 25.07.1953.
8 Vgl. den Schriftwechsel in StAHH, 131-1 II, 2547.
9 Notiz der Staatlichen Pressestelle, 28.01.1965, in: StAHH, 135-1 VI, 897.
10 Entwürfe des Briefes, 02.04.1965, in: Ebd. Der Brief wurde außerdem im „Hamburger Abendecho", „Abendblatt", in der „Welt", „Morgenpost" und „Bild-Zeitung" am 14.05.1965 abgedruckt.
11 Jan Bürger, Zwischen Himmel und Elbe. Eine Hamburger Kulturgeschichte, München 2021, S. 103.
12 Klaus Naumann, Leerstelle Luftkrieg. Einwurf zu einer verqueren Debatte, in: Mittelweg 36 2/1998, S. 12–15.
13 Winfried G. Sebald, Luftkrieg und Literatur, Frankfurt/Main 2001, S. 103.
14 HFP, Otto Erich Kiesel, 07.11.1950.
15 Otto Erich Kiesel, Die unverzagte Stadt, Hamburg 1957, S. 444.
16 Robert Warnecke, Vorwort, in: Kiesel, Unverzagte Stadt, S. 5.

17 HA, Erfolgreicher Hamburg-Roman, 14.03.1974.
18 Hans Erich Nossack, Der Untergang: Hamburg 1943, Hamburg 1981.
19 HA, Der Luftangriff auf Hamburg, 26.07.1983.
20 Zit. n. Thießen, Eingebrannt, S. 270–271.
21 Zit. n. Thießen, Eingebrannt, S. 421.
22 Zit. n. Thießen, Eingebrannt, S. 423.
23 ZDF, Von Dohnanyi warnt vor neuem „großen Krieg“, 25.03.2022.
24 Tagesspiegel, Putins bizarre Rede, 30.09.2022.
25 Max Brauer, Gedächtnisstätte für die Hamburger Bombenopfer. Ansprache zur Enthüllung des Mahnmales am 16. August 1952, in: Max Brauer (Hrsg.), Nüchternen Sinnes und heißen Herzens... Reden und Ansprachen, Hamburg 1952, S. 427–431.
26 Beide Zitate auch in der FAZ, Für die Opfer Hamburgs, 18.08.1952 sowie in Welt, Ergreifende Stunde am Mahnmal, 18.08.1952 und gekürzt in Morgenpost, Mahnmal in unserer Obhut, 18.08.1952.
27 HVZ, Nie wieder Bomben auf Hamburg!, 28.07.1952.
28 Der Telegraf, Unzufrieden auf dem Friedhof, 31.07.1952.
29 SZ, Tausende Bomben liegen noch im Untergrund, 24.07.1993; vgl. Stuttgarter Zeitung, Die Bomben trafen mit unbarmherziger Genauigkeit, 28.07.1993.
30 Vgl. u.a. HA, Die Lehren aus dem Schrecken, 24.07.1993; Bild, Die Opfer des Feuersturms mahnen: Nie wieder!, 24.07.1993.
31 Schreiben Erik Blumenfelds an Voscherau, 27.07.1993, in: StAHH, 622-1 Voscherau, o. Nr.: „Tageskopien BgmI ab 1.7.1993 bis 13.9.93“
32 Vgl. HA, ‚Dem Klima der Gewalt widersetzen’, 30.09.1992; Dokumentation und Flugblatt der Demo, in FZH, 42, o. Nr.: „LJR HH Aktionen 1992–94“; HA, ‚Wer schweigt, macht sich mitschuldig’, 30.09.1992.
33 Thießen, Eingebrannt, S. 419.
34 Olaf Scholz, Gedenkveranstaltung 70 Jahre Operation Gomorrha, 04.08.2013, S. 2 (Sammlung Malte Thießen).
35 Vgl. Thießen, Eingebrannt, S. 428.
36 Für Hinweise, Fotografien und Dokumente zum Gedenken von NPD, DVU u.a. rechten Organisationen seit 2003 danke ich Andreas Ehresmann von der Dokumentations- und Gedenkstätte Lager Sandbostel.

In den letzten Kriegstagen gibt es keinen erschütternderen Ausblick als jenen herab vom Turm der St. Michaeliskirche, dem einzigen verbliebenen Aussichtspunkt Hamburgs: in alle Richtungen nur leere Häuserhüllen, eine verwüstete Stadt, über die Wolken trockenen roten Mörtelstaubs schweben.

Daten zum Bombenkrieg

Chronologie des Bombenkriegs 1939–1945

Anzahl der Bombenopfer in deutschen Städten während des Zweiten Weltkriegs

Vergleich der Bombenabwurfmengen über Deutschland und Großbritannien 1940–1945

Zerstörungsgrad deutscher Kleinstädte 1945 (Größe 1939: 5 000 – 20 000 Einwohner)

Zerstörungsgrad deutscher Groß- und Mittelstädte

Bombenangriffe auf Deutschland zwischen 1940 und 1945

„Operation Gomorrha“ 25. Juli – 3. August 1943: Zeittafel der Luftangriffe auf Hamburg

Chronologie des Bombenkriegs

1. September 1939
Die deutsche Luftwaffe greift bei einem Terrorangriff die polnische Kleinstadt Wielún an, mehrere Hundert Tote, Beginn des Zweiten Weltkriegs.

25. September 1939
Luftwaffe und Artillerie zerstören Warschau weitgehend, womöglich 20 000 Tote.

10. Mai 1940
Churchill wird britischer Premierminister; einen Tag später verkündet sein Kriegskabinett, auf deutsche Zivilisten werde bei Luftangriffen fortan keine Rücksicht mehr genommen.

12. Mai 1940
Erster Angriff der Royal Air Force (R. A. F.) auf eine deutsche Stadt: Mönchengladbach, 4 Tote

18. Mai 1940
Erster Angriff auf Hamburg, zugleich der bislang größte Angriff gegen eine deutsche Stadt: 39 Tote, 72 Verletzte

14. Mai 1940
Luftwaffe zerstört in weiten Teilen Rotterdam, 825 Tote

Mai/Juni/Juli 1940
„Phoney war“ zwischen England und Deutschland, Luftangriffe auf beiden Seiten, vor allem gegen militärisch-industrielle Ziele

13. August 1940
„Eagle Day“, Auftakt der „Luftschlacht um England“: Luftwaffe beginnt massive Angriffe vorwiegend gegen britische Stützpunkte mit dem Ziel, die Luftüberlegenheit zu gewinnen, um eine mögliche Invasion der Insel (Unternehmen „Seelöwe“) vorzubereiten. In den folgenden Wochen schwere Verluste auf beiden Seiten

24. August 1940
Erster – versehentlicher – Angriff der Luftwaffe gegen London, geringe Schäden

25. August – 4. September 1940
Fünf britische Angriffe auf Berlin

4. September 1940
Hitler verkündet in einer Rede, er werde nunmehr die britischen Städte „ausradieren“ lassen.

7. September 1940
Beginn des „Blitz“, der Luftoffensive gegen englische Städte und Industrie, mit einem Großangriff gegen London. Ziel: England zum Friedensschluss zu zwingen

17. September 1940
Hitler entscheidet sich gegen die Invasion Englands.

14. November 1940
Deutscher Angriff auf Coventry, 550 Tote

31. Dezember 1940
Im Jahresverlauf 70 Angriffe auf Hamburg mit insgesamt 125 Toten, rund 600 Verletzten

6. April 1941
Deutscher Terrorangriff auf Belgrad. Hitler hat Vernichtung der Stadt befohlen, rund 2 200 Tote.

16. Mai 1941
Ende der deutschen Luftoffensive gegen England wegen des bevorstehenden Russlandfeldzugs; während der neunmonatigen Luftangriffe sterben rund 30 000 Briten, rund 60 000 werden verletzt, allein in London verlieren 250 000 Bürger ihre Wohnung.

22. Juni 1941
Die Operation „Barbarossa“ beginnt, der deutsche Überfall auf die Sowjetunion. In den ersten Stunden zerstört die Luftwaffe rund 2 300 sowjetische Flugzeuge, die meisten am Boden, und vernichtet so die numerisch stärkste Luftmacht der Welt. Im weiteren Verlauf des Russland-Feldzuges konzentriert sich die Luftwaffe weitgehend auf die Truppenunterstützung.

9. Juli 1941
Churchill befiehlt das *moral bombing* des Deutschen Reiches mit dem Ziel, „die Moral der deutschen Zivilbevölkerung insgesamt zu zerstören und die der Industriearbeiter im besonderen".

31. Dezember 1941
Im Jahresverlauf 42 Angriffe auf Hamburg mit insgesamt 626 Toten, rund 2 000 Verletzten und ca. 7 000 Ausgebombten

14. Februar 1942
Area Bombing Directive der R. A. F.: Das „moralische" Flächenbomben wird zur offiziellen Doktrin des britischen Bomber Command. Im Anhang der Direktive heißt es: „Es ist klar, dass die Zielpunkte Siedlungsgebiete sein sollen und beispielsweise nicht Werften oder Luftfahrtindustrien. Das muß ganz deutlich gemacht werden."

23. Februar 1942
Arthur Harris wird Oberbefehlshaber des britischen Bomber Command.

29. März 1942
Erster Test, eine Stadt abzubrennen: Vernichtung der Lübecker Altstadt, 320 Tote

23.–27. April
Vernichtung der Rostocker Altstadt bei vier Angriffen, 40 000 Obdachlose

27. Juli 1942
Bis dahin schwerster Angriff auf Hamburg: 337 Tote, über 1 000 Verletzte

17. August 1942
Erster Einsatz US-amerikanischer Bomber in Europa, gegen den großen Verschiebebahnhof von Rouen-Sotteville in Nordfrankreich

23. August 1942
Massive Angriffe der deutschen Luftwaffe auf Stalingrad, nach sowjetischen Angaben 40 000 Tote

31. Dezember 1942
Im Jahresverlauf 15 Angriffe auf Hamburg mit 499 Toten, ca. 1 700 Verletzten und ca. 15 000 Ausgebombten

21. Januar 1943
Im marokkanischen Casablanca vereinbaren Winston Churchill und US-Präsident Franklin D. Roosevelt die *Combined Bombing Offensive*, also die Koordination ihrer jeweiligen Luftstreitkräfte mit dem Ziel, „das militärische, industrielle und wirtschaftliche System Deutschlands zunehmend zu zerstören und zu zerschlagen und die Moral des deutschen Volkes zu untergraben".

18. Februar 1943
Reichspropagandaminister Joseph Goebbels verkündet im Berliner Sportpalast den „Totalen Krieg".

Juni 1943
Die Pointblank-Direktive wird erlassen und markiert den Beginn der koordinierten Luftangriffe von R. A. F. und USAF (United States Air Force), etwa auf Berlin, Hamburg, das Ruhrgebiet.

27./28. Juli 1943
Feuersturm in Hamburg, 35 000 Tote

November 1943
Die deutsche Flugabwehr fügt den alliierten Luftstreitkräften die größten Verluste des Krieges bei.

November 1943 – Februar 1944
Die Luftwaffe verliert einen Großteil ihrer Abfangjäger, weil die USAF Langstrecken-Begleitjäger bis tief ins Reichsgebiet einsetzen. Vom 20. bis 25. Februar 1944 sogenannte „Big Week", bei der mit fast 10 000 alliierten Flugzeugeinsätzen die deutsche Luftindustrie – in Augsburg, Schweinfurt, Regensburg, Stuttgart – weitgehend ausgeschaltet wird. Danach verfügen die Westmächte praktisch über die uneingeschränkte Luftüberlegenheit.

31. Dezember 1943
Im Jahresverlauf 21 Angriffe auf Hamburg mit ca. 42 000 Toten, rund 125 000 Verletzten und mehr als 1 Million Ausgebombten

21. Januar – 29. Mai 1944
Knapp drei Dutzend Angriffe auf englische Städte, es entstehen geringe Schäden. Die Engländer verspotten die Attacken als „Baby Blitz", die Bomberflotte der Luftwaffe ist weitgehend aufgerieben.

April – November 1944
Zur Vorbereitung und Unterstützung der Invasion (Unternehmen Overlord) alliierte Luftangriffe auf Städte in Frankreich und Belgien, mehr als 15 000 Tote

17. Juni 1944
Abschuss der ersten V1 gegen England, später kommen V2 hinzu, die vor allem gegen Antwerpen eingesetzt werden. Insgesamt detonieren 10 000 Raketen und töten ca. 30 000 Menschen.

31. Dezember 1944
Im Jahresverlauf 39 Angriffe auf Hamburg mit ca. 3 700 Toten, rund 4 300 Verletzten und 63 000 Ausgebombten; zahlreiche schwere Angriffe, die jeweils mehrere hundert Menschenleben fordern

13. Februar 1945
Feuersturm in Dresden, mehr als 30 000 Tote

24. Februar 1945
Feuersturm in Pforzheim, ca. 20 000 Tote; jeder dritte Bewohner stirbt, das ist, gemessen an der Bevölkerung, mehr als beim Atombombenabwurf in Nagasaki, bei dem jeder siebte Bürger stirbt.

12. März 1945
Mit mehr als 1 000 Flugzeugen zerstört die USAF den Ostseehafen Swinemünde, der, wie den Angreifern bekannt ist, mit Flüchtlingen aus dem Osten überfüllt ist. Die offizielle Opferzahl – 23 000 – liegt sicherlich zu hoch, dennoch ist der Angriff einer der schwersten des Krieges.

8. Mai 1945 (Kapitulation Deutschlands. Ende des Zweiten Weltkriegs in Europa)
Im Jahresverlauf 16 Angriffe auf Hamburg mit ca. 1 700 Toten, rund 1 700 Verletzten und 30 000 Ausgebombten; der letzte Angriff erfolgt am 8./9. April 1945.

6. August 1945
Erster Abwurf einer Atombombe auf Hiroshima durch die Amerikaner. Über 200 000 Tote und 100 000 Verwundete

9. August 1945
Zweiter Abwurf einer Atombombe auf Nagasaki. 74 000 Tote

14. August 1945
Ende des Zweiten Weltkriegs. Kapitulation Japans

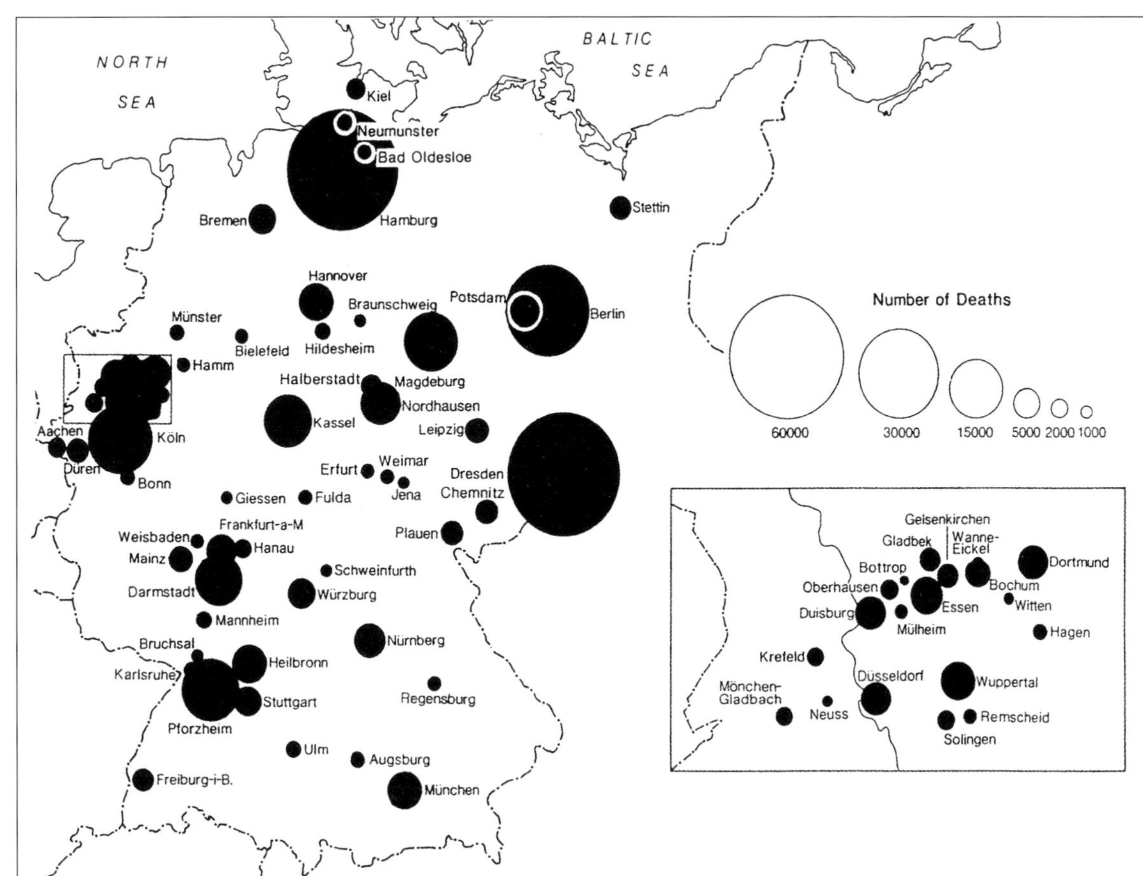

Anzahl der Bombenopfer in deutschen Städten während des Zweiten Weltkriegs

aus: Kenneth Hewitt, Reign of Fire (in: Josef Nipper/ Manfred Nutz [Hg.], Kriegszerstörung und Wiederaufbau deutscher Städte, Köln 1993, S. 47–59)

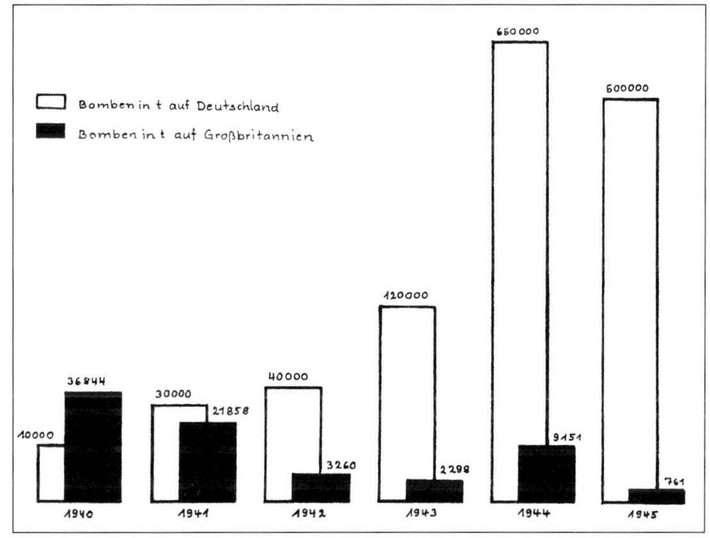

Vergleich der Bombenabwurfmengen über Deutschland und Großbritannien 1940 bis 1945

aus: Uta Hohn, Die Zerstörung deutscher Städte im Zweiten Weltkrieg (Dortmund 1991)

Zerstörungsgrad deutscher Kleinstädte 1945 (Größe 1939: 5 000 bis 20 000 Einwohner)

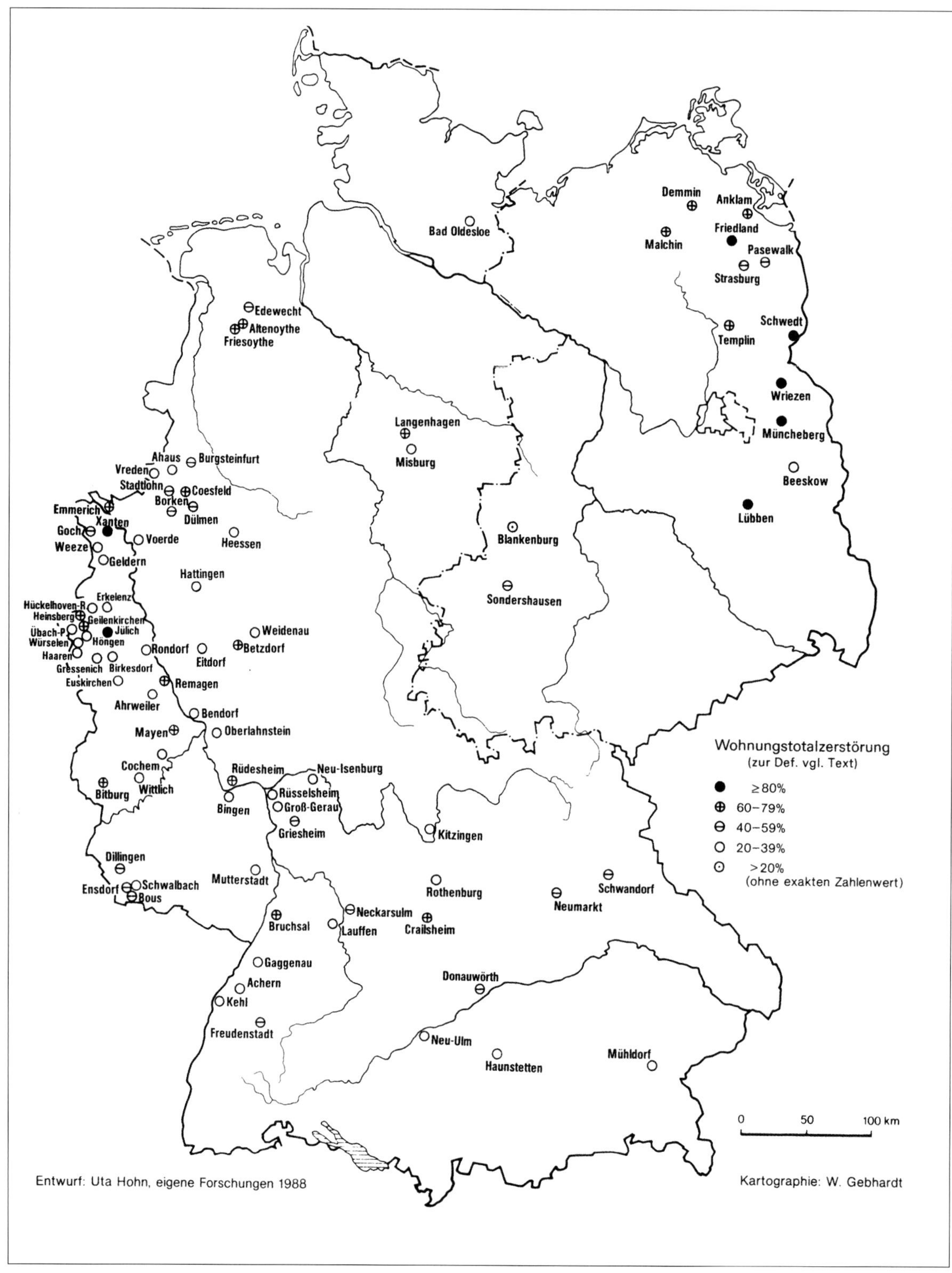

aus: Uta Hohn, Die Zerstörung deutscher Städte 1940–1945 (in: Josef Nipper/Manfred Nutz [Hg.], Kriegszerstörung und Wiederaufbau deutscher Städte, Köln 1993, S. 3–23)

Zerstörungsgrad deutscher Groß- und Mittelstädte 1945

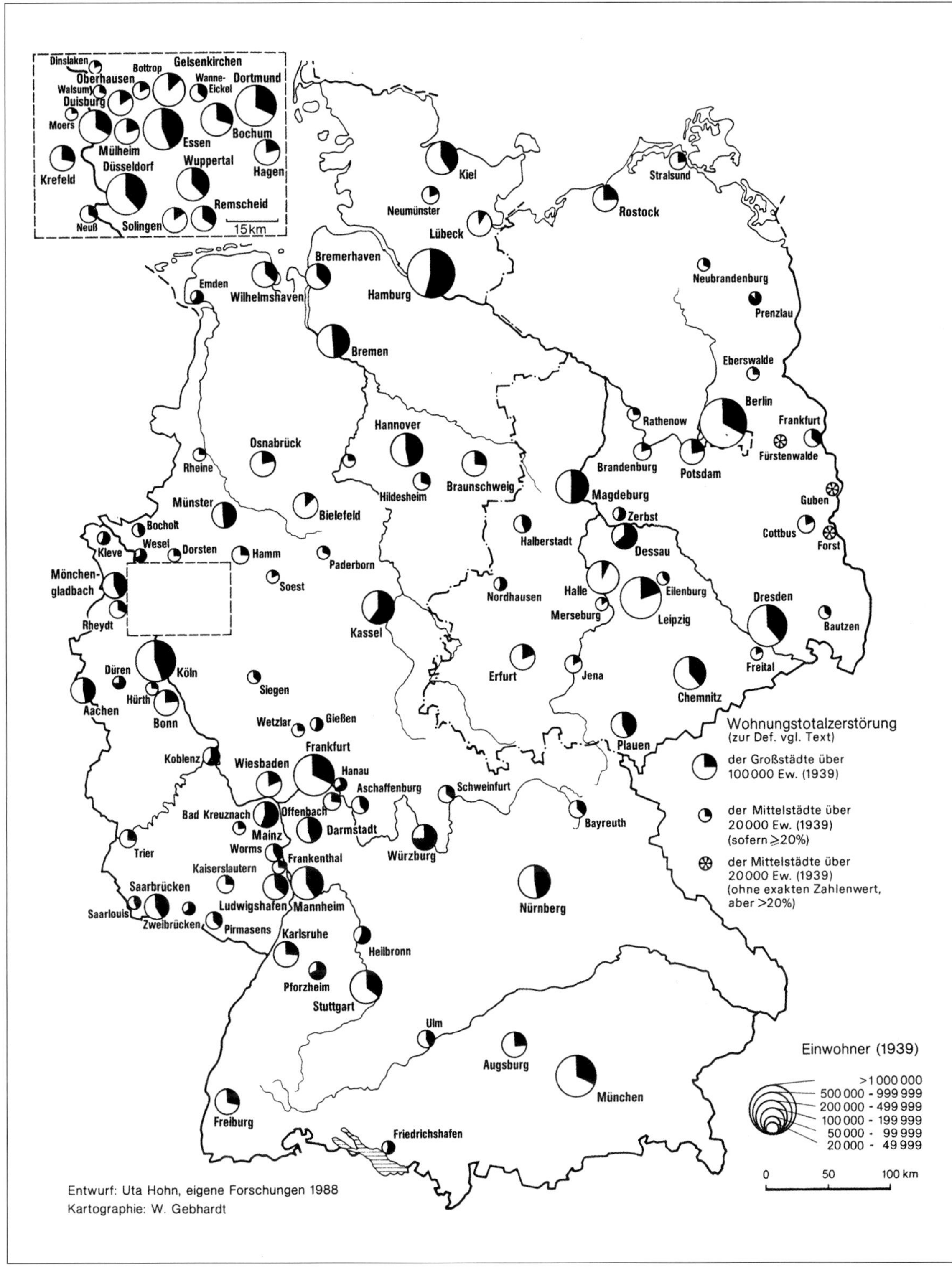

aus: Uta Hohn, Die Zerstörung deutscher Städte 1940–1945 (in: Josef Nipper/Manfred Nutz [Hg.], Kriegszerstörung und Wiederaufbau deutscher Städte, Köln 1993, S. 3–13)

Bombenangriffe auf Deutschland zwischen 1940 und 1945

Die Auflistung verzeichnet Bombenangriffe auf deutsche Städte und Regionen zwischen 1940 und 1945 (* = US Air Force, übrige = Royal Air Force). Es wird kein Anspruch auf Vollständigkeit erhoben, Angriffe auf Infrastruktur und militärische Ziele sind nur teilweise erfasst. Zahlen zu zivilen Opfern und Ausgebombten sind bei einigen schwereren Bombenangriffen angegeben, oft sind sie nicht mehr als Näherungswerte. Bei der Mehrzahl der Angriffe bewegen sich die Opferzahlen – wenn bekannt – zwischen 20 und 200 Toten.

Quellen: Roger A. Freeman, The Mighty Eighth War Diary, London 1981; Martin Middlebrook/Chris Everitt, The Bomber Command War Diaries 1939–1945, Harmondsworth (u. a.) 1985; Kenneth Hewitt: Reign of Fire. The civilian experience and urban consequences of the destruction of German cities, 1942–1945, in: Nipper, Josef; Nutz, Manfred (Hg.): Kriegszerstörung und Wiederaufbau deutscher Städte. Geographische Studien zu Schadensausmaß und Bevölkerungsschutz im Zweiten Weltkrieg, zu Wiederaufbauideen und Aufbaurealität. Köln 1993, S. 47–59 (Kölner Geographische Arbeiten, 57).

1940	
11./12. Mai	Mönchengladbach
15./16. Mai	Ruhrgebiet (erste strategische Bombardierung der deutschen Industrie)
17./18. Mai	Hamburg, Bremen, Köln
21./22. Mai	zwischen Mönchengladbach und Euskirchen, Münster
22./23. Mai	Merseburg
5./6. Juni	Hamburg
6./7. Juni	Hamburg
14./15. Juni	Ruhrgebiet, Süddeutschland, Konstanz
17./18. Juni	Köln, Ruhrgebiet, Norddeutschland
18./19. Juni	Ruhrgebiet, Mannheim, Bremen, Hamburg
19./20. Juni	zwischen Hamburg und Mannheim
20./21. Juni	Rheinland
21./22. Juni	Ruhrgebiet, Nord-/Mitteldeutschland
23. Juni	Osnabrück, Soest, Hamm
23./24. Juni	Bremen, Ruhrgebiet, Rheinland
30. Juni/1. Juli	Darmstadt, Hamburg, Hamm, Hanau
1./2. Juli	Osnabrück, Kiel
3. Juli	Hamburg
5./6. Juli	Kiel
15./16. Juli	Hamborn, Hannover, Osnabrück, Paderborn
17./18. Juli	Gelsenkirchen
26./27. Juli	Hamm, Ludwigshafen
27./28. Juli	Hamburg, Bremen, Wilhelmshaven, Borkum
29./30. Juli	Homberg, Köln, Hamm
5./6. August	Hamburg, Kiel, Wilhelmshaven, Wismar
6./7. August	Homberg, Reisholz
7./8. August	Emmerich, Hamm, Soest, Kiel
9./10. August	Köln, Ludwigshafen
10./11. August	Hamburg
11./12. August	Ruhrgebiet
16./17. August	Ruhrgebiet, Frankfurt, Augsburg, Jena, Leuna
17./18. August	Braunschweig
18./19. August	Rheinfelden, Freiburg
24./25. August	Stuttgart
25./26. August	Berlin, Bremen, Köln, Hamm
26./27. August	Hannover, Leipzig, Leuna, Nordhausen
28./29. August	Berlin
29./30. August	Bottrop, Essen, Mannheim, Soest
31. August	Berlin, Köln
3./4. September	Berlin, Magdeburg, Ruhrgebiet
4./5. September	Stettin, Magdeburg, Berlin
8./9. September	Hamburg, Bremen, Emden
10./11. September	Berlin, Bremen
23./24. September	Berlin
26./27. September	Dortmund, Kiel
5./6. Oktober	Köln, Gelsenkirchen, Hamm, Osnabrück, Soest
7./8. Oktober	Berlin
13./14. Oktober	Ruhrgebiet, Wilhelmshaven, Kiel
14./15. Oktober	Berlin, Stettin, Magdeburg, Bohlen
16./17. Oktober	Bremen, Kiel, Merseburg
18./19. Oktober	Hamburg, Lünen
19./20. Oktober	Osnabrück
20./21. Oktober	Berlin
21./22. Oktober	Köln, Hamburg, Stuttgart, Reisholz
28./29. Oktober	Hamburg
30./31. Oktober	Duisburg, Emden
1./2. November	Berlin, Gelsenkirchen, Magdeburg
6./7. November	Berlin
7./8. November	Essen, Köln
12./13. November	Gelsenkirchen
14./15. November	Berlin, Hamburg
15./16. November	Hamburg
16./17. November	Hamburg, Kiel
17./18. November	Gelsenkirchen, Hamm
18./19. November	Merseburg
20./21. November	Duisburg
22./23. November	Dortmund, Duisburg, Wanne-Eickel
24./25. November	Hamburg
25./26. November	Wilhelmshaven
27./28. November	Köln
28./29. November	Düsseldorf
29./30. November	Bremen, Köln
3./4. Dezember	Duisburg, Essen, Mannheim
4./5. Dezember	Düsseldorf
5./6. Dezember	Gelsenkirchen
7./8. Dezember	Düsseldorf
8./9. Dezember	Düsseldorf
9./10. Dezember	Bremen
11./12. Dezember	Mannheim
13./14. Dezember	Bremen, Kiel
15./16. Dezember	Berlin, Frankfurt, Kiel
16./17. Dezember	Mannheim (erstes „Area-Bombing“ der R.A.F.)
17./18. Dezember	Mannheim
18./19. Dezember	Mannheim
19./20. Dezember	Köln, Duisburg, Gelsenkirchen
20./21. Dezember	Berlin, Gelsenkirchen
23./24. Dezember	Mannheim, Ludwigshafen
29./30. Dezember	Frankfurt/M., Hamm

1941	
1./2. Januar	Bremen
2./3. Januar	Bremen, Emden
3./4. Januar	Bremen
8./9. Januar	Wilhelmshaven, Emden
9./10. Januar	Gelsenkirchen
11./12. Januar	Wilhelmshaven
13./14. Januar	Wilhelmshaven
15./16. Januar	Wilhelmshaven
16./17. Januar	Wilhelmshaven
22./23. Januar	Düsseldorf
26./27. Januar	Hannover
29./30. Januar	Wilhelmshaven
4./5. Februar	Düsseldorf
10./11. Februar	Hannover
11./12. Februar	Bremen
14./15. Februar	Gelsenkirchen, Homberg
15./16. Februar	Homberg
21./22. Februar	Wilhelmshaven
25./26. Februar	Düsseldorf
26./27. Februar	Köln
28. Februar	Wilhelmshaven
1./2. März	Köln
3./4. März	Köln
10./11. März	Köln
11./12. März	Kiel
12./13. März	Hamburg, Bremen, Berlin
13./14. März	Hamburg
14./15. März	Gelsenkirchen, Düsseldorf
15./16. März	Düsseldorf
17./18. März	Bremen, Wilhelmshaven
18./19. März	Kiel, Wilhelmshaven
19./20. März	Köln
23./24. März	Berlin, Kiel, Hannover
27./28. März	Köln, Düsseldorf
31. März/1. April	Bremen
7./8. April	Kiel, Bremerhaven
8./9. April	Kiel, Bremerhaven
9./10. April	Berlin
10./11. April	Düsseldorf
15./16. April	Kiel
16./17. April	Bremen
17./18. April	Berlin
20./21. April	Köln
24./25. April	Kiel
25./26. April	Kiel
26./27. April	Hamburg
29./30. April	Mannheim
30. April/1. Mai	Kiel
2./3. Mai	Hamburg
3./4. Mai	Köln
5./6. Mai	Mannheim
6./7. Mai	Hamburg
8./9. Mai	Hamburg, Bremen, Bremerhaven, Kiel
9./10. Mai	Mannheim, Ludwigshafen
10./11. Mai	Hamburg, Berlin
11./12. Mai	Hamburg, Bremen
12./13. Mai	Mannheim, Ludwigshafen, Köln
15./16. Mai	Hannover
16./17. Mai	Köln
17./18. Mai	Köln, Kiel
23./24. Mai	Köln
27./28. Mai	Köln
28./29 Mai	Kiel
2./3. Juni	Düsseldorf, Duisburg, Berlin
11. Juni	Bremerhaven
11./12. Juni	Düsseldorf, Duisburg
12./13. Juni	Soest, Schwerte, Hamm, Osnabrück, Hüls
14./15. Juni	Köln
15./16. Juni	Köln, Düsseldorf, Hannover
16./17. Juni	Köln, Düsseldorf, Duisburg
17./18. Juni	Köln, Düsseldorf, Duisburg
19./20. Juni	Köln, Düsseldorf
20./21. Juni	Kiel
21./22. Juni	Köln, Düsseldorf
22./23. Juni	Bremen, Wilhelmshaven
23./24. Juni	Köln, Kiel, Düsseldorf
24./25. Juni	Köln, Kiel, Düsseldorf
25./26. Juni	Bremen, Kiel
26./27. Juni	Köln, Düsseldorf, Kiel
27./28. Juni	Bremen
29./30. Juni	Bremen, Hamburg
30. Juni/1. Juli	Ruhrgebiet
2./3. Juli	Bremen, Köln, Duisburg
3./4. Juli	Essen, Bremen
5./6. Juli	Münster, Osnabrück, Bielefeld
6./7. Juli	Münster, Dortmund
7./8. Juli	Köln, Osnabrück, Münster
8./9. Juli	Hamm, Münster, Bielefeld, Merseburg
9./10. Juli	Aachen, Osnabrück
10./11. Juli	Köln
11./12. Juli	Wilhelmshaven
12./13. Juli	Bremen
14./15. Juli	Bremen, Hannover
16./17. Juli	Hamburg
17./18. Juli	Köln
19./20. Juli	Hannover
20./21. Juli	Köln
21./22. Juli	Frankfurt, Mannheim
22./23. Juli	Frankfurt, Mannheim
23./24. Juli	Mannheim, Frankfurt
24./25. Juli	Kiel, Emden
25./26. Juli	Hannover, Hamburg
30./31. Juli	Köln
2./3. August	Hamburg, Berlin, Kiel
5./6. August	Mannheim, Karlsruhe, Frankfurt
6./7. August	Frankfurt, Mannheim, Karlsruhe
7./8. August	Essen, Hamm, Dortmund
8./9. August	Kiel, Hamburg
11./12. August	Krefeld, Mönchengladbach
12./13. August	Berlin, Hannover, Magdeburg, Essen
14./15. August	Hannover, Braunschweig, Magdeburg
16./17. August	Köln, Düsseldorf, Duisburg

17./18. August	Bremen, Duisburg
18./19. August	Köln, Duisburg
19./20. August	Kiel
22./23. August	Mannheim
24./25. August	Düsseldorf
25./26. August	Karlsruhe, Mannheim
26./27. August	Köln
27./28. August	Mannheim
28./29. August	Duisburg
29./30. August	Frankfurt
29./30. August	Mannheim
31. August	Köln, Essen
2./3. September	Frankfurt, Berlin
6./7. September	Hüls
7./8. September	Berlin, Kiel
8./9. September	Kassel
11./12. September	Rostock, Kiel, Warnemünde
12./13. September	Frankfurt
15./16. September	Hamburg
16./17. September	Karlsruhe
17./18. September	Karlsruhe
19./20. September	Stettin
20./21. September	Berlin, Frankfurt
26./27. September	Köln, Emden, Mannheim
28./29. September	Frankfurt
29./30. September	Stettin, Hamburg
30. Sept./1. Oktober	Hamburg, Stettin
1./2. Oktober	Karlsruhe, Stuttgart
10./11. Oktober	Essen, Köln
12./13. Oktober	Nürnberg, Bremen, Hüls
13./14. Oktober	Düsseldorf, Köln
14./15. Oktober	Nürnberg
15./16. Oktober	Köln
16./17. Oktober	Duisburg
20./21. Oktober	Bremen, Wilhelmshaven, Emden
21./22. Oktober	Bremen
22./23. Oktober	Mannheim
23./24. Oktober	Kiel
24./25. Oktober	Frankfurt
26./27. Oktober	Hamburg
31. Oktober	Hamburg, Bremen
1./2. November	Kiel
4./5. November	Essen
7./8. November	Berlin, Köln, Mannheim
8./9. November	Essen
9./10. November	Hamburg
15./16. November	Emden, Kiel
26./27. November	Emden
27./28. November	Düsseldorf
30. Nov./1. Dez.	Hamburg, Emden
7./8. Dezember	Aachen
11./12. Dezember	Köln
16./17. Dezember	Wilhelmshaven
22./23. Dezember	Wilhelmshaven
23./24. Dezember	Köln
27./28. Dezember	Düsseldorf
28./29. Dezember	Wilhelmshaven, Hüls, Emden

1942	
10./11. Januar	Wilhelmshaven
14./15. Januar	Hamburg
15./16. Januar	Hamburg, Bremen
17./18. Januar	Bremen
20./21. Januar	Emden
21./22. Januar	Emden, Bremen
22./23. Januar	Münster
26./27. Januar	Hannover, Emden
28./29. Januar	Münster
11./12. Februar	Mannheim
14./15. Februar	Mannheim
22./23. Februar	Wilhelmshaven
25./26. Februar	Kiel
8./9. März	Essen
9./10. März	Duisburg
10./11. März	Essen
12./13. März	Kiel
13./14. März	Köln
25./26. März	Essen
26./27. März	Essen
28./29. März	Lübeck *320 Tote* *39 000 Ausgebombte*
1./2. April	Hanau
5./6. April	Köln
6./7. April	Essen
8./9. April	Hamburg
10./11. April	Essen
12./13. April	Essen
14./15. April	Dortmund
15./16. April	Dortmund
17./18. April	Hamburg
22./23. April	Köln
23./24. April	Rostock
24./25. April	Rostock
25./26. April	Rostock
26./27. April	Rostock *200 Tote* *30 000 Ausgebombte*
27./28. April	Köln
28./29. April	Kiel
3./4. Mai	Hamburg
4./5. Mai	Stuttgart
5./6. Mai	Stuttgart
6./7. Mai	Stuttgart
8./9. Mai	Warnemünde
19./20. Mai	Mannheim
30./31. Mai	Köln *486 Tote* *45 000 Ausgebombte*
1./2. Juni	Essen
2./3. Juni	Essen
3./4. Juni	Bremen
5./6. Juni	Essen
6./7. Juni	Emden
8./9. Juni	Essen
16./17. Juni	Essen
19./20. Juni	Emden
20./21. Juni	Emden

22./23. Juni	Emden
25./26. Juni	Bremen
27./28. Juni	Bremen
29./30. Juni	Bremen
2./3. Juli	Bremen
8./9. Juli	Wilhelmshaven
11. Juli	Danzig
13./14. Juli	Duisburg
19./20. Juli	Bremen
21./22. Juli	Duisburg
23./24. Juli	Duisburg
25./26. Juli	Duisburg
26./27. Juli	Hamburg *337 Tote* *14 000 Ausgebombte*
28./29. Juli	Hamburg
29./30. Juli	Saarbrücken
31. Juli/1. August	Neuss *279 Tote* *12 000 Ausgebombte*
	Düsseldorf
6./7. August	Duisburg
9./10. August	Osnabrück
11./12. August	Mainz
12./13. August	Mainz
15./16. August	Düsseldorf
17./18. August	Osnabrück
18./19. August	Flensburg
24./25. August	Frankfurt/M.
27./28. August	Kassel
28./29. August	Nürnberg, Saarbrücken
1./2. September	Saarbrücken
2./3. September	Karlsruhe
4./5. September	Bremen
6./7. September	Duisburg
8./9. September	Frankfurt/M., Rüsselsheim
10./11. September	Düsseldorf
13./14. September	Bremen
14./15. September	Wilhelmshaven
16./17. September	Essen
19./20. September	Saarbrücken, München
23./24. September	Wismar
1./2. Oktober	Wismar
2./3. Oktober	Krefeld
5./6. Oktober	Aachen
6./7. Oktober	Osnabrück
13./14. Oktober	Kiel
15./16. Oktober	Köln
9./10. November	Hamburg
22./23. November	Stuttgart
2./3. Dezember	Frankfurt/M.
6./7. Dezember	Mannheim
20./21. Dezember	Duisburg
21./22. Dezember	München

1943

3./4. Januar	Essen
4./5. Januar	Essen
7./8. Januar	Essen
8./9. Januar	Duisburg
9./10. Januar	Essen
11./12. Januar	Essen
12./13.Januar	Essen, Remscheid, Solingen, Wuppertal
13./14. Januar	Essen
16./17. Januar	Berlin
17./18. Januar	Berlin
27./28. Januar	Düsseldorf
30./31. Januar	Hamburg
2./3. Februar	Köln
4. Februar*	Emden, Hamm
3./4. Februar	Hamburg
11./12. Februar	Wilhelmshaven
14. Februar*	Hamm
14./15. Februar	Köln
18./19. Februar	Wilhelmshaven
19./20. Februar	Wilhelmshaven
21./22. Februar	Bremen
24./25. Februar	Wilhelmshaven
25./26. Februar	Nürnberg, Fürth
26./27. Februar	Köln
1./2. März	Berlin *709 Tote* *64 909 Ausgebombte*
3./4. März	Hamburg, Duisburg
4. März*	Hamm
5./6. März	Essen *461 Tote* *30 000 Ausgebombte*
8./9. März	Nürnberg
9./10. März	München
11./12. März	Stuttgart
12./13. März	Essen
18. März*	Bremen
22. März*	Wilhelmshaven
26./27. März	Duisburg
27./28. März	Berlin
29./30. März	Berlin, Bochum
3./4. April	Essen
4./5. April	Kiel
8./9. April	Duisburg
9./10. April	Duisburg
10./11. April	Frankfurt
14./15. April	Stuttgart *619 Tote*
16./17. April	Mannheim
17. April*	Bremen
20./21. April	Stettin *586 Tote*
	Rostock
26./27. April	Duisburg
30. April/1. Mai	Essen
4./5. Mai	Dortmund *693 Tote* *40 000 Ausgebombte*

12./13. Mai	Duisburg
13./14. Mai	Bochum
	302 Tote
14. Mai*	Kiel
16./17. Mai	Möhnetalsperre
	1 294 Tote
19. Mai*	Kiel
23./24. Mai	Dortmund
	599 Tote
25./26. Mai	Düsseldorf
27./28. Mai	Essen
29./30. Mai	Wuppertal
	3 400 Tote
	130 000 Ausgebombte
11. Juni*	Wilhelmshaven, Cuxhaven
11./12. Juni	Düsseldorf
	1 292 Tote
	140 000 Ausgebombte
	Münster
12./13. Juni	Bochum
	312 Tote
13. Juni*	Bremen
14./15. Juni	Oberhausen
16./17. Juni	Köln
20./21. Juni	Friedrichshafen
21./22. Juni	Krefeld
	1 056 Tote
	72 600 Ausgebombte
22. Juni	Hüls
22./23. Juni	Mülheim
	578 Tote
24./25. Juni	Wuppertal
	1 800 Tote
	112 000 Ausgebombte
25. Juni*	Wangerooge
25./26. Juni	Gelsenkirchen, Solingen, Düsseldorf
28./29. Juni	Köln
	4 377 Tote
	230 000 Ausgebombte
3./4. Juli	Köln
	588 Tote
	72 000 Ausgebombte
8./9. Juli	Köln
	502 Tote
	48 000 Ausgebombte
9./10. Juli	Gelsenkirchen
13./14. Juli	Aachen
	294 Tote
	40 000 Ausgebombte
24./25. Juli	Hamburg
	1 500 Tote
	380 000 Ausgebombte
25. Juli*	Hamburg, Kiel
25./26. Juli	Essen
	>500 Tote
	100 000 Ausgebombte
26. Juli*	Hannover
27./28. Juli	Hamburg
	35 000 Tote
	800 000 Ausgebombte
29. Juli*	Kiel
29./30. Juli	Hamburg
	1 000 Tote
	150 000 Ausgebombte
30. Juli*	Kassel
30./31. Juli	Remscheid
	1 120 Tote
	40 000 Ausgebombte
2./3. August	Hamburg
9./10. August	Mannheim
	269 Tote
10./11. August	Nürnberg
	585 Tote
	28 000 Ausgebombte
12. August*	Bochum, Recklinghausen, Gelsenkirchen
17. August*	Regensburg
17./18. August	Peenemünde
	780 Tote
22./23. August	Leverkusen, Düsseldorf, Solingen
23./24. August	Berlin
	899 Tote
	103 558 Ausgebombte
27./28. August	Nürnberg
30./31. August	Mönchengladbach
31. Aug./1. Sept:	Berlin
3./4. September	Berlin
	623 Tote
	39 844 Ausgebombte
5./6. September	Mannheim, Ludwigshafen
	127 Tote
	20 000 Ausgebombte
6. September*	Stuttgart
6./7. September	München
22./23. September	Hannover
23./24. September	Mannheim, Ludwigshafen, Darmstadt
27. September*	Emden
27./28. September	Hannover, Braunschweig
29./30. September	Bochum
1./2. Oktober	Hagen
	266 Tote
	30 000 Ausgebombte
2. Oktober*	Emden
2./3. Oktober	München
3./4. Oktober	Kassel
4. Oktober*	Frankfurt/M., Wiesbaden, Saarbrücken
4./5. Oktober	Frankfurt/M.
	529 Tote
	Ludwigshafen
7./8. Oktober	Stuttgart, Böblingen
8. Oktober*	Bremen
8./9. Oktober	Hannover
	1 200 Tote
	Bremen

9. Oktober*	Anklam, Marienburg, Danzig
10. Oktober*	Münster *473 Tote* *20 000 Ausgebombte*
	Coesfeld
14. Oktober*	Schweinfurt
18./19. Oktober	Hannover
20. Oktober*	Düren
20./21. Oktober	Leipzig
22./23. Oktober	Kassel *7 000 Tote* *53 800 Ausgebombte*
3. November*	Wilhelmshaven
3./4. November	Düsseldorf *622 Tote*
	Köln
5. November*	Gelsenkirchen, Münster
11. November*	Münster
13. November*	Bremen
16. November*	Knaben
17./18. November	Ludwigshafen
18./19. November	Berlin, Mannheim, Ludwigshafen
19./20. November	Leverkusen
22./23. November	Berlin *2 000 Tote* *175 000 Ausgebombte*
23./24. November	Berlin *1 000 Tote* *100 000 Ausgebombte*
25./26. November	Frankfurt/M.
26. November*	Bremen
26./27. November	Berlin, Stuttgart
29. November*	Bremen
30. November*	Solingen
1. Dezember*	Leverkusen
2./3. Dezember	Berlin
3./4. Dezember	Leipzig *1 717 Tote* *114 000 Ausgebombte*
11. Dezember*	Emden
13. Dezember*	Kiel, Hamburg
16. Dezember*	Bremen
16./17. Dezember	Berlin *628 Tote* *30 063 Ausgebombte*
20. Dezember*	Bremen
20./21. Dezember	Frankfurt/M.
23./24. Dezember	Berlin
29./30. Dezember	Berlin
30. Dezember*	Ludwigshafen

1944	
1./2. Januar	Berlin
2./3. Januar	Berlin
4. Januar*	Kiel, Neuss, Düsseldorf
5./6. Januar	Stettin
7. Januar*	Ludwigshafen
11. Januar*	Oschersleben, Halberstadt, Braunschweig, Osnabrück, Meppen
14./15. Januar	Braunschweig
20./21. Januar	Berlin *306 Tote* *20 938 Ausgebombte*
21./22. Januar	Magdeburg
24. Januar*	Eschweiler
27./28. Januar	Berlin *426 Tote* *19 945 Ausgebombte*
28./29. Januar	Berlin *531 Tote* *69 466 Ausgebombte*
29. Januar*	Frankfurt/M. *903 Tote*
30. Januar*	Braunschweig, Hannover
30./31. Januar	Berlin *582 Tote* *82 980 Ausgebombte*
3. Februar*	Wilhelmshaven
4. Februar*	Frankfurt/M.
8. Februar*	Frankfurt/M.
10. Februar*	Braunschweig
11. Februar*	Frankfurt/M.
15./16. Februar	Berlin *320 Tote*
19./20. Februar	Leipzig *817 Tote* *30 000 Ausgebombte*
20. Februar*	Rostock, Leipzig, Gotha, Helmstedt
20./21. Februar	Stuttgart
21. Februar*	Diepholz, Verden, Braunschweig, Lingen, Rheine
22. Februar*	Aschersleben, Bernburg, Halberstadt, Magdeburg
24. Februar*	Rostock, Schweinfurt, Gotha
24./25. Februar	Schweinfurt
25. Februar*	Regensburg, Augsburg, Fürth
25./26. Februar	Augsburg *720 Tote* *85 000 Ausgebombte*
29. Februar*	Braunschweig
1./2. März	Stuttgart
2. März*	Frankfurt/M., Offenbach
3. März*	Wilhelmshaven
4. März*	Bonn, Köln
6. März*	Berlin, Potsdam, Wittenberg
8. März*	Berlin
9. März*	Berlin, Hannover, Braunschweig, Nienburg/Weser
10. März*	Münster

15. März*	Braunschweig
15./16. März	Stuttgart
16. März*	Augsburg, Ulm, Friedrichshafen
18. März*	Oberpfaffenhofen, Landsberg, München, Memmingen, Friedrichshafen
18./19. März	Frankfurt/M. *421 Tote* *55 000 Ausgebombte*
20. März*	Frankfurt/M., Mannheim, Bingen
22./23. März	Frankfurt/M. *1 001 Tote* *120 000 Ausgebombte*
23. März*	Braunschweig, Münster, Osnabrück
24. März*	Schweinfurt, Frankfurt/M.
24./25. März	Berlin
26./27. März	Essen *550 Tote*
29. März	Braunschweig
30./31. März	Nürnberg, Schweinfurt
1. April*	Pforzheim
6./7. April	Hamburg
8. April*	Braunschweig, Oldenburg, Rheine
9. April*	Marienburg, Warnemünde, Parchim
11. April*	Oschersleben, Bernburg, Sorau, Stettin, Rostock
11./12. April	Aachen *1 525 Tote*
13. April*	Schweinfurt, Lechfeld, Augsburg
18. April*	Oranienburg, Perleberg, Wittenberge, Brandenburg, Rathenow
19. April*	Kassel, Lippstadt, Werl, Paderborn, Gütersloh
20./21. April	Köln *664 Tote* *20 000 Ausgebombte*
	Stettin
22. April*	Hamm, Koblenz, Bonn
22./23. April	Düsseldorf, Braunschweig *1 200 Tote* *20 500 Ausgebombte*
24. April*	Friedrichshafen
24./25. April	München, Karlsruhe *136 Tote* *70 000 Ausgebombte*
26. April*	Braunschweig, Hildesheim
26./27. April	Essen *313 Tote*
	Schweinfurt
27./28. April	Friedrichshafen
29. April*	Berlin
7. Mai*	Berlin, Münster, Osnabrück
8. Mai*	Berlin, Braunschweig
11. Mai*	Saarbrücken, Völklingen
12. Mai*	Merseburg, Zwickau, Chemnitz, Gera, Hof, Zeitz, Böhlen
13. Mai*	Stettin, Stralsund, Tutow, Osnabrück
19. Mai*	Berlin, Braunschweig
20./21. Mai	Düsseldorf
21./22. Mai	Duisburg
22. Mai*	Kiel
22./23. Mai	Dortmund *361 Tote*
	Braunschweig
24. Mai*	Berlin
24./25. Mai	Aachen
27. Mai	Ludwigshafen, Mannheim, Karlsruhe, Saarbrücken, Neunkirchen
27./28. Mai	Aachen
28. Mai*	Dessau, Zwickau, Meißen, Leipzig, Magdeburg
29. Mai*	Pölitz, Tutow, Leipzig, Schneidemühl, Posen, Sorau, Cottbus
30. Mai*	Dessau, Halberstadt, Oldenburg, Rotenburg/Wümme, Bad Zwischenahn
31. Mai*	Osnabrück, Schwerte, Gütersloh
12./13. Juni	Gelsenkirchen *293 Tote*
18. Juni*	Hamburg, Bremerhaven, Hannover, Bremen, Stade, Brunsbüttel
20. Juni*	Magdeburg, Fallersleben, Hamburg, Pölitz
21. Juni*	Ruhland, Berlin
29. Juni*	Böhlen, Leipzig, Wittenberg, Bernburg, Magdeburg
7. Juli*	Merseburg, Leipzig
11./13./16. Juli*	München *1 471 Tote* *200 000 Ausgebombte*
13. Juli*	Saarbrücken
16. Juli*	Stuttgart, Augsburg, Saarbrücken
18. Juli*	Kiel, Cuxhaven, Peenemünde
18./19. Juli	Wesseling
19. Juli*	Augsburg, Kempten, Böblingen, Schweinfurt, Saarbrücken, Koblenz
20. Juli*	Dessau, Merseburg, Leipzig, Erfurt, Schmalkalden, Gotha
21. Juli*	München, Saarbrücken, Regensburg, Schweinfurt
23./24. Juli	Kiel *315 Tote* *20 000 Ausgebombte*
24./25. Juli	Stuttgart
25./26. Juli	Stuttgart, Wanne-Eickel
28./29. Juli	Hamburg *265 Tote*
	Stuttgart

29. Juli*	Merseburg, Bremen
31. Juli*	München, Ludwigshafen
4. August*	Hamburg, Bremen, Peenemünde, Anklam, Kiel, Wismar, Rostock, Schwerin
5. August*	Magdeburg, Halberstadt, Braunschweig, Hannover
6. August*	Brandenburg, Berlin, Hamburg
9.August*	Ulm, Pirmasens, Karlsruhe, Saarbrücken
12./13. August	Braunschweig, Rüsselsheim
14. August*	Mannheim, Ludwigshafen
15. August*	Wiesbaden, Frankfurt, Köln
16. August*	Delitzsch, Schkeuditz, Halle/S., Zeitz, Rositz, Dessau, Köthen, Magdeburg
16./17. August	Stettin *1 117 Tote*
16./17. August	Kiel
18./19. August	Bremen *1 300 Tote* *30 000 Ausgebombte*
23./24. August	Köln
24. August*	Braunschweig, Weimar, Merseburg
25. August*	Rostock, Schwerin, Wismar, Rechlin, Pölitz, Peenemünde, Anklam, Neubrandenburg
25./26. August	Rüsselsheim, Darmstadt
26. August*	Gelsenkirchen
26./27. August	Kiel, Königsberg
29./30. August	Königsberg *1 033 Tote* *500 Tote*
	Stettin
30. August*	Kiel, Bremen
3. September*	Ludwigshafen
5. September*	Stuttgart, Karlsruhe
6. September*	Emden
8. September*	Ludwigshafen, Kassel, Karlsruhe
9. September*	Mannheim, Mainz, Düsseldorf
9./10. September	Mönchengladbach
10. September*	Ulm, Heilbronn, Nürnberg, Fürth, Gaggenau, Sindelfingen, Zuffenhausen
11. September*	Fulda, Merseburg, Eisenach, Magdeburg
11./12. September	Darmstadt *10 550 Tote* *49 000 Ausgebombte*
12. September	Münster, Magdeburg*
12./13. September	Frankfurt/M. *957 Tote* *50 000 Ausgebombte*
	Stuttgart *469 Tote*
13. September	Osnabrück, Gelsenkirchen Stuttgart*, Schwäbisch Hall*, Ulm*, Merseburg*
14. September	Wilhelmshaven
15./16. September	Kiel
18./19. September	Bremerhaven *618 Tote* *30 000 Ausgebombte*
19. September*	Koblenz, Limburg, Hamm, Dortmund, Unna
19./20. September	Mönchengladbach/Rheydt
21. September*	Ludwigshafen, Mainz, Koblenz
22. September*	Kassel
23./24. September	Neuss, Dortmund, Münster
25. September*	Ludwigshafen, Frankfurt, Koblenz
26. September*	Osnabrück, Hamm, Bremen
26./27. September	Karlsruhe
27. September*	Köln, Ludwigshafen, Kassel
27./28. September	Kaiserslautern *144 Tote* *30 000 Ausgebombte*
28. September*	Magdeburg, Merseburg, Kassel
30. September*	Bielefeld, Münster, Hamm
30. September	Bottrop
2. Oktober*	Kassel, Köln, Hamm
3. Oktober*	Nürnberg, Gaggenau
5. Oktober	Wilhelmshaven Köln*, Lippstadt*, Münster*
5./6. Oktober	Saarbrücken *344 Tote* *25 000 Ausgebombte*
6. Oktober*	Stargard, Neubrandenburg, Stralsund, Hamburg
6./7. Oktober	Dortmund *258 Tote* *100 000 Ausgebombte*
	Bremen *65 Tote* *37 700 Ausgebombte*
7. Oktober	Emmerich *641 Tote*
	Kleve Zwickau*, Merseburg*, Kassel*, Clausthal*
9. Oktober	Bochum Schweinfurt*, Mainz*, Koblenz*
12. Oktober	Wanne-Eickel Osnabrück*
14. Oktober	Duisburg
14./15. Oktober	Braunschweig *561 Tote* *80 000 Ausgebombte*
	Duisburg *2 541 Tote*
15./16. Oktober	Wilhelmshaven
16./17. Oktober	Köln

18. Oktober	Bonn *313 Tote* *20 000 Ausgebombte*
19./20. Oktober	Stuttgart *338 Tote*
	Nürnberg, Karlsruhe
21./22. Oktober	Hannover
22. Oktober	Neuss Braunschweig*, Hannover*, Hamm*, Münster*
23./24. Oktober	Essen *662 Tote*
25. Oktober	Essen *820 Tote*
	Homberg Neumünster*
26. Oktober	Leverkusen Bielefeld*, Münster*, Hannover*
28. Oktober	Köln *630 Tote* *20 000 Ausgebombte*
	Münster*, Hamm*
30. Oktober*	Hamm, Münster
30./31. Oktober	Köln *550 Tote*
31. Okt./1.	November Köln
1. November*	Gelsenkirchen
1./2. November	Oberhausen
2. November*	Merseburg, Bielefeld, Castrop-Rauxel
2./3. November	Düsseldorf *748 Tote* *15 000 Ausgebombte*
4. November*	Neunkirchen, Saarbrücken, Hannover, Hamburg, Gelsenkirchen
4./5. November	Bochum *984 Tote* *10 000 Ausgebombte*
5. November	Solingen *1 882 Tote* *20 000 Ausgebombte*
	Frankfurt/M.*, Ludwigshafen*, Karlsruhe*
6. November	Gelsenkirchen *518 Tote*
	Hamburg, Minden, Bottrop Neumünster*
6./7. November	Koblenz *104 Tote* *25 000 Ausgebombte*
	Merseburg
8. November	Merseburg, Homberg
9. November	Wanne-Eickel
10. November*	Saarbrücken, Hanau, Wiesbaden, Köln
11. November*	Oberlahnstein, Gelsenkirchen, Bottrop
11. November	Castrop-Rauxel
11./12. November	Harburg, Dortmund
16. November*	Düren *2 900 Tote*
	Eschweiler
18. November	Münster
18./19. November	Wanne-Eickel
20./21. November	Koblenz
21. November*	Merseburg, Gießen, Wetzlar, Osnabrück, Hamburg
21./22. November	Aschaffenburg *344 Tote*
	Castrop-Rauxel
23. November	Gelsenkirchen
25. November*	Merseburg, Bingen
26. November	Fulda Bielefeld*, Hamm*, Misburg*
26./27. November	München
27. November*	Bingen, Offenburg
27./28. November	Freiburg i. Br. *2 700 Tote* *40 000 Ausgebombte*
	Neuss
28./29. November	Essen, Neuss
29. November	Dortmund, Diusburg
30. November*	Zeitz, Merseburg, Neunkirchen, Homburg
30. Nov./1. Dez.	Duisburg
2. Dezember*	Bingen
2./3. Dezember	Hagen *583 Tote* *20 000 Ausgebombte*
4. Dezember	Oberhausen Kassel*, Mainz*
4./5. Dezember	Karlsruhe *357 Tote* *20 000 Ausgebombte*
	Heilbronn *7 000 Tote* *50 000 Ausgebombte*
5. Dezember*	Berlin, Münster
5. Dezember	Hamm *1 000 Tote* *20 000 Ausgebombte*
5./6. Dezember	Soest
6. Dezember*	Merseburg, Bielefeld
6./7. Dezember	Gießen *813 Tote* *30 000 Ausgebombte*
	Osnabrück
9. Dezember*	Stuttgart
10. Dezember*	Bingen, Koblenz
11. Dezember*	Frankfurt/M., Mannheim, Hanau, Gießen
12. Dezember	Witten *409 Tote* *20 000 Ausgebombte*
	Merseburg*, Hanau*, Darmstadt*
12./13. Dezember	Essen

15. Dezember*	Kassel, Hannover
15./16. Dezember	Ludwigshafen
16. Dezember	Siegen *348 Tote*
17./18. Dezember	Ulm *606 Tote* *50 000 Ausgebombte*
	Duisburg, München
18. Dezember*	Mainz, Koblenz, Kaiserslautern
19. Dezember	Trier
21. Dezember	Trier
21./22. Dezember	Köln, Pölitz, Bonn
22./23. Dezember	Bingen, Koblenz
24. Dezember*	Babenhausen, Groß Ostheim, Zellhausen, Biblis, Darmstadt, Frankfurt/M., Merzhausen
27. Dezember*	Fulda
27./28. Dezember	Opladen
28. Dezember*	Kaiserslautern, Koblenz
28./29. Dezember	Bonn *486 Tote*
	Mönchengladbach
29. Dezember	Koblenz
30./31. Dezember	Köln
31. Dezember*	Hamburg, Neuss, Krefeld, Mönchengladbach, Remagen, Koblenz
31. Dezember	Vohwinkel

1945

1. Januar*	Kassel, Göttingen, Koblenz, Andernach
2. Januar*	Gerolstein, Mayen, Daun, Bitburg, Koblenz, Bad Kreuznach, Kaiserslautern, Lebach
2./3. Januar	Nürnberg *1 794 Tote* *100 000 Ausgebombte*
	Ludwigshafen
3. Januar*	Fulda, Aschaffenburg, Gemünd, Schleiden, Koblenz, Pforzheim, Homburg, Zweibrücken, Neunkirchen, Landau, Pirmasens, St. Vith, Köln
5. Januar*	Neustadt/W., Soberheim, Pirmasens, Hanau, Neunkirchen, Frankfurt/M., Kaiserslautern, Heilbronn, Niederbreisig, Niedermendig, Koblenz
5. Januar	Ludwigshafen
5./6. Januar	Hannover
6. Januar*	Worms, Kaiserslautern, Ludwigshafen, Köln, Bonn, Koblenz
6./7. Januar	Hanau *90 Tote* *20 000 Ausgebombte*
7. Januar*	Hamm, Paderborn, Bielefeld, Köln, Landau, Kaiserslautern, Zweibrücken, Rastatt
7./8. Januar	München *505 Tote* *70 000 Ausgebombte*
8. Januar*	Speyer, Frankfurt/M.
10. Januar*	Köln, Düsseldorf, Bonn, Euskirchen
11. Januar	Krefeld
13. Januar*	Mainz, Worms, Kaiserslautern
	Rüdesheim, Germersheim, Mannheim
14. Januar*	Derben, Magdeburg, Köln
15. Januar*	Ingolstadt, Freiburg/Br., Reutlingen, Augsburg
16./17. Januar	Magdeburg *16 000 Tote* *190 000 Ausgebombte*
	Zeitz
17. Januar*	Hamburg, Paderborn
18. Januar*	Kaiserslautern
20. Januar*	Rheine, Heilbronn, Mannheim
21. Januar*	Aschaffenburg, Mannheim, Heilbronn
22./23. Januar	Duisburg
23. Januar*	Neuss
28. Januar*	Köln, Duisburg
28./29. Januar	Stuttgart

29. Januar*	Siegen, Koblenz, Bad Kreuznach, Kassel, Bielefeld, Hamm, Münster
1. Februar*	Mannheim, Ludwigshafen, Wesel
1./2. Februar	Mainz, Ludwigshafen, Siegen
2./3. Februar	Wiesbaden *1 000 Tote* *20 000 Ausgebombte*
	Wanne-Eickel, Karlsruhe
3. Februar*	Berlin *2 541 Tote* *119 057 Ausgebombte*
	Magdeburg
3./4. Februar	Bottrop, Dortmund
6. Februar*	Chemnitz, Gotha, Giessen, Magdeburg
9. Februar*	Magdeburg, Weimar, Gießen, Fulda, Bielefeld, Paderborn, Dülmen
13./14. Februar	Dresden *> 30 000 Tote* *250 000 Ausgebombte*
	Böhlen
14. Februar*	Dresden, Chemnitz, Bamberg, Magdeburg, Wesel, Dülmen
14./15. Februar	Chemnitz
15. Februar*	Cottbus, Dresden, Magdeburg, Rheine
16. Februar*	Hamm, Nordstern, Dortmund, Münster, Osnabrück, Rheine, Wesel
16./17. Februar	Wesel *562 Tote*
17. Februar*	Frankfurt/M., Gießen
19. Februar*	Osnabrück, Meschede, Siegen, Dortmund, Bochum, Gelsenkirchen, Münster, Rheine, Wesel
20. Februar*	Nürnberg
20./21. Februar	Dortmund, Düsseldorf
21. Februar*	Nürnberg *1 356 Tote* *69 385 Ausgebombte*
21./22. Februar	Worms *239 Tote* *35 000 Ausgebombte*
22. Februar*	Bamberg, Ansbach, Ulm, Halberstadt, Nordhausen, Peine, Hildesheim, Wittenberg, Stendal, Uelzen, Ludwigslust
23. Februar*	Treuchtlingen, Crailsheim, Plauen, Meiningen, Kitzingen, Weimar, Gera, Osnabrück, Paderborn
23. Februar	Essen *1 555 Tote*
	Gelsenkirchen
23./24. Februar	Pforzheim *bis zu 20 000 Tote* *50 000 Ausgebombte*
24. Februar	Kamen
24. Februar*	Hamburg, Lehrte, Bielefeld, Bremen, Wesel
25. Februar*	Friedrichshafen, München, Ulm, Aschaffenburg, Schwäbisch Hall
26. Februar*	Berlin *636 Tote* *71 283 Ausgebombte*
27. Februar*	Leipzig *677 Tote*
	Halle
27. Februar	Mainz
28. Februar*	Soest, Hagen, Siegen, Meschede, Arnsberg, Bielefeld, Kassel
1. März	Mannheim
1. März*	Bruchsal *1 000 Tote* *30 000 Ausgebombte*
	Reutlingen, Neckarsulm, Ulm Heilbronn, Ingolstadt, Augsburg
2. März*	Chemnitz, Magdeburg
2. März	Köln *500 Tote*
3. März*	Hannover, Chemnitz, Bielefeld, Herford, Magdeburg, Braunschweig
3./4. März	Kamen, Dortmund
4. März*	Ulm, Ingolstadt
5. März*	Chemnitz, Hamburg
5./6. März	Chemnitz
7. März*	Soest, Bielefeld, Dortmund, Siegen, Giessen, Datteln-E.
7./8. März	Dessau *600 Tote* *20 000 Ausgebombte*
	Harburg *422 Tote*
8. März*	Siegen, Dortmund, Giessen, Essen, Hüls
8./9. März	Hamburg
9. März*	Frankfurt/M., Kassel, Münster, Rheine, Osnabrück
10. März*	Arnsberg, Paderborn, Bielefeld, Soest, Dortmund, Schwerte
11. März	Essen *897 Tote*
11. März*	Kiel, Hamburg, Bremen
12. März	Dortmund *895 Tote*
12. März*	Swinemünde *bis zu 23 000 Tote*
	Wetzlar, Friedberg, Marburg, Siegen, Betzdorf, Dillenburg
13. März	Wuppertal *562 Tote*
14. März*	Hannover, Hildesheim, Gütersloh, Giessen
15. März*	Zossen, Oranienburg

15./16. März	Hagen *505 Tote* *32 500 Ausgebombte*
16./17. März	Nürnberg *517 Tote* *35 000 Ausgebombte*
	Würzburg
17. März*	Ruhland, Bitterfeld, Plauen, Böhlen, Molbis, Jena, Erfurt, Münster, Hannover
18. März*	Berlin *336 Tote* *79 785 Ausgebombte*
18./19. März	Witten *500 Tote* *20 000 Ausgebombte*
	Hanau *2 000 Tote* *30 000 Ausgebombte*
19. März*	Zwickau, Jena, Plauen, Neuburg, Leipheim, Baumenheim
20. März*	Hamburg
22. März	Hildesheim *1 645 Tote* *40 000 Ausgebombte*
23./24 März	Wesel
24. März	Gladbeck *3 095 Tote* *40 000 Ausgebombte*
25. März	Osnabrück *143 Tote* *20 000 Ausgebombte*
	Hannover, Münster
27. März	Paderborn *330 Tote* *30 000 Ausgebombte*
31. März	Hamburg
3. April*	Kiel *624 Tote*
3./4. April	Nordhausen *8.800 Tote* *20 000 Ausgebombte*
4./5. April	Leuna, Harburg, Lützkendorf
6. April*	Leipzig *733 Tote*
8. April*	Halberstadt *1 866 Tote* *25 000 Ausgebombte*
8./9. April	Hamburg
9./10. April	Kiel
10. April	Leipzig
10./11. April	Plauen *20 000 Ausgebombte*
11. April	Bayreuth, Nürnberg
13./14. April	Kiel
14./15. April	Potsdam *5 000 Tote* *40 000 Ausgebombte*
	Zerbst
18. April	Helgoland
20. April	Regensburg
20./21. April	Berlin
21./22. April	Kiel
22. April	Bremen
24. April	Bad Oldesloe *700 Tote*
25. April	Wangerooge, Berchtesgaden
2./3. Mai	Kiel

Bildnachweis

Viele der in diesem Werk abgebildeten Fotografien wurden uns freundlicherweise vom ehemaligen Landesbildarchiv Hamburg und dem Staatsarchiv Hamburg zur Verfügung gestellt. Darüber hinaus haben wir von folgenden Agenturen, Fotografen und Institutionen Abbildungsmaterial erhalten:

Titelabbildung:
Aus dem Film „Feuersturm über Hamburg" kopiert
(Copyright: Landesinstitut für Lehrerbildung und Schulentwicklung)
Rückseite: Imperial War Museum, London

Archiv Ellert & Richter: 14 u., 23 l., 23 r., 30 l., 30 r.
bpk, Berlin: 8 l., 12, 14 o., 16, 22, 24, 25 o., 27 l., 27 r., 28 l., 28 r., 29, 33, 43, 46, 53 u., 84 r., 85 l., 85 r., 86 l., 88/89, 91 o., 92, 123
Hamburger Echo, 25.07.1953: 103
Imperial War Museum, London: 17 l., 17 r., 20/21, 47
Kampfmittelräumdienst Hamburg: 94/95
Keystone, Hamburg: 42
Otto Erich Kiesel, Die unverzagte Stadt, Goslar 1949: 105
mauritus images, Mittenwald: 101 l.
picture alliance, Frankfurt/Main: 10 o., 10 u., 31, 34, 38 l., 112
Sammlung Malte Thießen: 107, 111, 113
Schmidt-Luchs, Hamburg: 38 l., 38 r., 49 l.
Sonderseite aus Hamburger Fremdenblatt, Den Toten Hamburgs, 22.11.1943: 101 r.
Stadtteilarchiv Hamm, Hamburg: 49 r., 50 l., 50 r.
Visual Experts Interfoto, München: 45
Sonstiges:
Seite 51: Olaf Groehler, Bombenkrieg gegen Deutschland (1990), S. 29
Seite 58: Zeichnung Reinhard Schulz-Schaeffer, Magazin GEO

Impressum

Bibliographische Information der Deutschen Bibliothek
Die Deutsche Bibliothek verzeichnet diese Publikation in der Deutschen Nationalbibliographie; detaillierte bibliographische Daten sind im Internet über <http://dnb.ddb.de> abrufbar.

ISBN 978-3-8319-0841-7

Alle Bildlegenden für den Text von Prof. Dr. Ursula Büttner wurden vom Verlag verfasst. Der Text von Christoph Kucklick basiert auf dem 2003 im Ellert & Richter Verlag (in Zusammenarbeit mit dem Magazin GEO) publizierten Band „Feuersturm. Der Bombenkrieg gegen Deutschland".

Redaktion Anhang:
Annette Krüger und Dorit Lehmann, Hamburg

Gestaltung:
BrücknerAping, Büro für Gestaltung, Bremen

Gesamtherstellung:
ADverts, Riga, Lettland

www.ellert-richter.de
www.facebook.com/EllertRichterVerlag
www.instagram.com/ellert_richter_verlag

„Operation Gomorrha" 25. Juli – 3. August 1943 Zeittafel der Luftangriffe auf Hamburg

Die nebenstehende Tabelle vermittelt einen Überblick über die Anzahl der Alarme, die in Hamburg in der Zeit vom 25. Juli bis 3. August 1943 gegeben wurden. Nicht jeder Luftalarm bedeutete auch einen Angriff auf die Stadt. Alarm wurde dann gegeben, wenn die Luftraumüberwachung den Anflug feindlicher Bomber meldete. Es kam durchaus vor, dass die Bomber der Engländer und Amerikaner eine andere Stadt in der Nähe bombardierten, von der deutschen Luftabwehr am Angriff gehindert wurden oder dass die veränderte Wettersituation (Nebel, Gewitter, Sturm…) eine Orientierung auf das Ziel nicht zuließ.

Die Angaben „Luftgefahr 15, 20 oder 30" geben die Minutenzahlen an, innerhalb derer ein Luftangriff zu erwarten ist, ermittelt aufgrund von Daten der Luftraumüberwachung.

Die Angaben sind entnommen aus:
Ursula Büttner: „Gomorrha": Hamburg im Bombenkrieg; die Wirkung der Luftangriffe auf Bevölkerung und Wirtschaft, Landeszentrale für Politische Bildung, Hamburg, 1993

Sonntag, 25. Juli 1943:

00.19 Luftgefahr 30
00.24 Luftgefahr 15

1. Angriff:
00.33 Fliegeralarm: 2 Stunden 25 Min.
03.01 Luftgefahr vorbei und Entwarnung

2. Angriff:
14.40 Fliegeralarm: 2 Stunden 42 Min.
16.20 Wiederholung des Fliegeralarms
17.22 Luftgefahr vorbei und Entwarnung
18.00 Luftgefahr 20
18.02 Luftgefahr vorbei
18.38 Öffentliche Luftwarnung
19.10 Entwarnung
19.32 Luftgefahr vorbei
23.38 Luftgefahr 30

Montag, 26. Juli 1943:

00.14 Luftgefahr 15
00.35 Fliegeralarm
00.55 Luftgefahr vorbei und Entwarnung
10.15 Luftgefahr 30

3. Angriff:
10.38 Fliegeralarm: 2 Stunden 12 Min.
11.32 Wiederholung des Fliegeralarms
12.50 Luftgefahr vorbei und Entwarnung
13.13 Öffentliche Luftwarnung
13.31 Luftgefahr vorbei und Entwarnung
13.45 Öffentliche Luftwarnung
13.55 Luftgefahr vorbei und Entwarnung
15.38 Luftgefahr 30
15.50 Luftgefahr vorbei
19.35 Öffentliche Luftwarnung
20.06 Luftgefahr vorbei und Entwarnung

Dienstag, 27. Juli 1943:

00.14 Luftgefahr 20
00.17 Luftgefahr 15
00.20 Fliegeralarm: 42 Minuten
01.02 Luftgefahr vorbei und Entwarnung
10.10 Luftgefahr 30
10.34 Luftgefahr vorbei
11.30 Luftgefahr 30
11.35 Luftgefahr 15
11.45 Öffentliche Luftwarnung
12.31 Luftgefahr vorbei und Entwarnung
13.00 Luftgefahr 15
13.07 Öffentliche Luftwarnung
13.14 Luftgefahr vorbei und Entwarnung
14.59 Öffentliche Luftwarnung
15.06 Luftgefahr vorbei und Entwarnung
19.19 Luftgefahr 30
19.26 Luftgefahr 15
19.30 Öffentliche Luftwarnung
20.02 Luftgefahr vorbei und Entwarnung
23.38 Luftgefahr 30

---

4. Angriff:
23.40 Fliegeralarm: 3 Stunden

Mittwoch, 28. Juli 1943:

02.40 Luftgefahr vorbei und Entwarnung
08.35 Luftgefahr 30
08.46 Luftgefahr 15
08.49 Fliegeralarm
10.45 Luftgefahr vorbei
11.27 Entwarnung
14.42 Luftgefahr 30
14.45 Luftgefahr vorbei

Donnerstag, 29. Juli 1943:

00.11 Luftgefahr 15
00.15 Fliegeralarm
01.03 Luftgefahr vorbei und Entwarnung
04.12 Luftgefahr 15
04.27 Luftgefahr vorbei
08.23 Luftgefahr 30
08.27 Luftgefahr 15
08.32 Fliegeralarm
09.59 Luftgefahr vorbei und Entwarnung
16.55 Luftgefahr 15
17.03 Öffentliche Luftwarnung
17.13 Fliegeralarm
17.33 Luftgefahr vorbei und Entwarnung
17.45 Luftgefahr 15
18.01 Luftgefahr vorbei
19.24 Luftgefahr 15
20.17 Öffentliche Luftwarnung
20.25 Luftgefahr vorbei und Entwarnung
23.47 Luftgefahr 30
23.55 Luftgefahr 15

---

5. Angriff:
23.58 Fliegeralarm: 2 Stunden 17 Min.

Freitag, 30. Juli 1943:

02.15 Luftgefahr vorbei und Entwarnung
09.45 Luftgefahr 30
09.59 Luftgefahr vorbei
12.13 Luftgefahr 15
12.49 Luftgefahr vorbei

Sonnabend, 31. Juli 1943:

12.25 Luftgefahr 20
13.06 Luftgefahr vorbei
19.37 Luftgefahr 30
19.40 Luftgefahr vorbei

Sonntag, 1. August 1943:

11.47 Luftgefahr 20
12.01 Luftgefahr 15
12.26 Luftgefahr vorbei

Dienstag, 3. August 1943:

00.11 Luftgefahr 30
00.23 Luftgefahr 30

---

6. Angriff:
00.59 Fliegeralarm: 2 Stunden 31 Min.
03.30 Luftgefahr vorbei und Entwarnung

Sabine Bode, geb. 1947 in Eilsleben, begann als Redakteurin beim Kölner Stadt-Anzeiger. Seit 1978 arbeitet sie freiberuflich als Journalistin und Buchautorin. Sabine Bode lebt in Köln. Bekannt wurde sie insbesondere durch ihre Bücher über Kriegskinder und Kriegsenkel. Sie deckte auf, dass kindliche Kriegstraumata oft jahrzehntelang unbewusst und unentdeckt bleiben und erst im höheren Lebensalter mit seinen zusätzlichen Belastungen offenbar werden. Darüber hinaus wirken die Traumata der Kriegskinder oft transgenerational weiter.
Der Originalbeitrag basiert auf einem Vortrag, den sie im Juni 2022 in Wien gehalten hat.

Ursula Büttner, Prof. Dr., Historikerin, bis 2011 Wissenschaftliche Mitarbeiterin an der Forschungsstelle für Zeitgeschichte in Hamburg, Professorin an der Universität Hamburg, 1995 Hamburger „Max-Brauer-Preis". Veröffentlichungen zur deutschen und hamburgischen Geschichte in der ersten Hälfte des 20. Jahrhunderts: Weimarer Republik, Judenverfolgung, Exil und Remigration, Bombenkrieg, Besatzungszeit, Protestantismus.
Ihr Beitrag in diesem Buch ist ein Nachdruck aus dem Band „Gomorrha 1943. Die Zerstörung Hamburgs im Luftkrieg", hrsg. vom Förderkreis Mahnmal St. Nikolai e.V., Hamburg

Christoph Kucklick leitet die Henri-Nannen-Schule in Hamburg. Zuvor war er Chefredakteur von GEO, davor lange Jahre Reporter für verschiedene Medien. Der promovierte Soziologe hat mehrere Bücher veröffentlicht, darunter „Das unmoralische Geschlecht" (Suhrkamp) und „Die granulare Gesellschaft" (Ullstein).
Der Text ist in ähnlicher Form erschienen in GEO 2/2003 und im Buch „Feuersturm. Der Bombenkrieg gegen Deutschland", Ellert & Richter Verlag 2003

Malte Thießen studierte Geschichte und Germanistik in Hamburg. In seiner Promotion spürte er Hamburgs Erinnerungskultur zum Zweiten Weltkrieg nach, die Arbeit wurde von der Universität Hamburg ausgezeichnet. Anschließend lehrte Thießen sechs Jahre als Juniorprofessor für Europäische Geschichte an der Universität Oldenburg und habilitierte sich mit einer Geschichte des Impfens im 19., 20. und 21. Jahrhundert. Nach einem mehrmonatigen Stipendium am Deutschen Historischen Institut London wechselte er 2017 nach Münster. Dort leitet er heute das LWL-Institut für westfälische Regionalgeschichte und lehrt als apl. Professor Neuere und Neueste Geschichte an der Universität Oldenburg.
Der Originalbeitrag basiert auf seiner Promotion und vielen Aufsätzen, die er zu diesem Thema veröffentlicht hat.